歴史検証

なぜ日本の野党はダメなのか？

「自民党一強」を支える構造

倉山満

光文社新書

はじめに

民主政治とは、選挙による政治です。民主政治をやる以上、最低でも二つの選択肢がないと選挙の意味がありません。

別に私は二大政党制論者として拘《こだわ》っているわけではなく、三つ目の政党が存在する余地があって良いと思います。ここで強調したいのは、最低でも二つのマトモな政党が存在しないと、選挙の意味がないことです。マトモな選択肢が一つあればいいと油断していると、いずれゼロになります。事実、そうなりました。

日本の現代政治は、自民党を抜きには語れません。一九五五年に結党してから、自民党が野党になった期間は五年もありません。民主国では驚異の勝率です。自民党がなぜこんなに強いのか、多くの分析がありますが、最大の理由は「野党が弱いから」です。

長らく、日本社会党は自民党の一党政権を支えてきました。これは皮肉ではなく、実際に癒着していました。

代わった民主党こそ政権を取る意志を示し実現しましたが、そこまで。再び野党に転落してからの民進党や立憲民主党は「自民党最大の支持勢力」に他なりませんでした。これは癒着していたのではなく、本当に無能だったのだと思います。その証拠に昨年（二〇二一年）の総選挙の敗北で枝野幸男《えだのゆきお》立憲民主党代表が退陣した時、ある自民党の長老は「我々は守護神を失った」とつぶやいたとか（『産経新聞』令和三年十一月二日付）。自民党の弱点などいくらでもあるのに、常に頓珍漢《とんちんかん》な批判しかしてこない。自民党としたら有権者の批判に対して「では立憲民主党に政権を渡していいのか」と脅迫することができます。

実際、令和元（二〇一九）年の参議院選挙では当時の安倍晋三《あべしんぞう》首相（自民党総裁でもある）は「あの悪夢の民主党政権に戻していいのか」と有権者を脅し、議席を守りました。

自民党と社会党はどちらも一九五五年に結成されたので、この両党が二大政党である体制を「五十五年体制」と言います。その特徴は、野党第一党の社会党に政権を取る意思も能力もないことです。だから二大政党制ではなく、「一・五大政党制」と言われました。そして民主党の政権転落以後は「新五十五年体制」そのものでした。

自民党の民主国家としては驚異的な政権独占は、無能な野党に支えられての賜物なのです。これを改善する処方箋はないのか。私はその病原体の究明と解決を歴史に求めました。

自民党は、戦前の立憲政友会の後継政党です。政友会も一九〇〇年の結党から政党政治が力をなくす一九三二年まで、純然たる野党の期間は七年だけ。一党優位の元祖です。なぜそんなに強かったかの分析は本文に譲るとして、そんな政友会の優位は大正末期には崩されました。

政友会の横暴に対し新党を立ち上げたのが桂《かつら》太郎《たろう》。桂が作ったのは立憲同志会です。桂の死後に志を継いで憲政会を「苦節十年」の末に政権につけたのが加藤《かとう》高明《たかあき》。そして濱口《はまぐち》雄《お》幸《さち》が政友会を凌駕する立憲民政党を創設しました。

二大政党の試みは「憲政の常道」として成就しました。しかし、すぐに破れ、敗戦後に再建が試みられますが、挫折します。

本書では、「なぜ日本の野党はダメなのか?」を歴史に遡《さかのぼ》って考察します。

歴史検証　なぜ日本の野党はダメなのか？　目次

第六章　政権担当能力を兼ね備えた政党は現れるのか……………………281

第一章

日本の野党の源流を探る——コロナ・幕末・自由民権

「実現不可能な正論」は野党の武器

野党の政府に対する武器は、「実現不可能な正論」です。

この原稿をコロナ禍で世界が苦しんでいる時に書いているのですが、日本の国会では相も変わらぬ光景が繰り返されています。

野党、特に立憲民主党と日本共産党の質疑を聞いていると、呆《あき》れるほど明快です。前半は「コロナ対策をしっかりしろ！」と迫り、後半は「経済政策がなっていないぞ！」と糺《ただ》す。できるわけがない二つの矛盾した政策を迫って政府を立ち往生させ、その光景がテレビで放映されるや、支持者は拍手喝采。もっとも野党の支持者でも定型化された光景に「これでいいのか」と疑問を抱く人が多数なのですが、幹部と一部の熱狂的な支持者は満足しています。「今日も政府をやっつけた。酒が旨《うま》いぞ～」と言わんばかりに。この人たちは、自分の訴える政策を実現して世の中を良くしたいのではなく、言いたいことを言って楽しい生活ができれば満足なので、「政府を追及するスター」が理想の地位なのです。そして、政府にとって「実現不可能な正論」ほど厄介なものはありません。特に、世の中の大半の人がそれを正論だと思っている時、この武器は大いに威力を発揮します。野党が一方的に「実現不可能な正論」を突きつけ、世論が支持するなら、いかなる政権も立ち往生するでしょう。

ただし歴代自民党政権は、安心し切っているところがあります。どうせ国民は野党、特に「なんちゃら民主党」に政権を渡すことはあるまいと。その証拠に、政府がいかなる失政をしようが、立憲民主党の支持率は自民党と常に一桁違います。野党とて、本気で自民党を倒して政権を担い、日本の運命に責任を持とうなどと、かけらも考えていないのです。だから好き勝手に「実現不可能な正論」を弄《もてあそ》んでいるのです。現に、つい最近でも、「今の内閣のままだと政権を失いかねない」と自民党は菅義偉《すがよしひで》前首相を引きずりおろし、慌てて岸田文《きしだふみ》雄《お》首相に首を挿《す》げ替えました。それでも「どこまで議席を減らすのだろう」と戦々恐々でしたが、ふたを開けてみれば自民党は安定多数を維持。むしろ野党共闘を進めた立憲民主党の枝野幸男代表が敗北の責任を取って辞任しました。

　この本が出る頃には、こんな光景が過去の遺物になっていてほしいものですが、そうもいかないでしょうと思い、筆をとりました。だいたい、この本を企画してから二年、コロナ禍が収束する気配も見せないまま、無為に時間を浪費しました。仮にコロナ禍が収束しても、他のネタで同じ光景を繰り返すでしょう。この場合の「ネタ」とは、「国家の運命や国民生活にとって重要な政策」のことです。たまったものではありませんが、「政府を口先だけで追及する野党vs.何を言われても権力さえ離さなければ構わない与党」の構図に、国民の側も慣れ切っています。しかし、政治に対して諦めて批判をやめれば、無限大に我慢を強《し》いられるだけです。

だから本書の主題は、「なぜ日本の野党はダメなのかを、歴史から検証しよう」なのです。

本当に一刻も早く、この本の賞味期限が切れてほしいと心の底から思います。

正論が通らない世の中で「尊皇攘夷」が武器となった

実は、「実現不可能な正論」が武器になる実例を、日本人なら誰でも知っています。

幕末です。

江戸幕府末期、外国から列強が押し寄せ、二百五十年あまりの泰平を否応なしに揺さぶられる羽目に陥りました。政権を独占してきた幕府の官僚たちは、なす術《すべ》がありません。

そんな当時、誰もが否定できない正論が「尊皇攘夷《そんのうじょうい》」でした。「尊皇」は天皇陛下を尊ぶこと、「攘夷」は外敵を追い払うことです。

尊皇は、当時の誰もが当たり前に持っていた常識で、これを否定したら逆賊です。歴史教科書には、「尊皇派と佐幕《さばく》派が激しく争った」などと書かれていますが、幕府こそ最大の尊皇派です。討幕《とうばく》派は天皇の名前で幕府を討とうとするのですから、徳川は先手を打って朝廷と強固な関係を築いて権力維持を図ります。幕末において、「尊皇」は絶対の大義名分です。既得権益を維持したい幕府は、大義名分を討幕派に奪われないよう、しっかりと「抱きつき戦術」を繰り広げました。

攘夷も、幕末においては否定しようがない正論とされました。鎖国は、「神君家康《いえやす》公以来の祖法」などと思われていました。いわゆる「鎖国」を行ったのは三代将軍家光《いえみつ》からで、家康の時代は貿易を振興していたのですが、そんな基本的な事実すら為政者たちは忘れて政治を論じていました。外国が日本を侵略しようとしている時代、「野蛮人どもに我が国の土地を踏ませるのか？」と迫られて、「そうだ！」と答えるのは命がけです。物理的に殺された人も、枚挙にいとまがありません。冷静な議論など不可能な状況です。ところが現実には、ペリーの黒船四隻を相手に大騒動です。開国は不可避です。

嘉永六（一八五三）年の黒船来航を受け、老中の阿部《あべ》正弘《まさひろ》は全国の大名に意見書を提出させます。ご丁寧に、二七四大名中、二六〇人の大名が「清国の教訓を考えよう」などと、「これが模範解答です」と言わんばかりの作文を寄こします。黒船が日本に来る約十年前、日本と交易のあった清国がイギリスに負けたアヘン戦争の話が伝わっていたからです。では、危機に対応できるのかと言えば、徳川幕府も諸大名も、思いつくのは沿岸防備ぐらいです。

日本が長い平和を謳歌している間に、外国で長足の進歩を遂げた軍事技術に対応する術がなくなっていたばかりか、対外情勢に対応するために何度も行われた改革も失敗続きでした。かと言って、「開国」を言う勇気もありません。

ペリーが来るおよそ百年前、「開国して貿易を行い、富を蓄えて軍備を整えよう」と主張していた偉大な宰相がいました。田沼意次《たぬまおきつぐ》です。しかし、田沼はそれゆえに失脚しました。もちろん、「開国しよう」と言った一言だけで失脚したわけではないのですが、原因の一つです。独裁権力を振るった田沼ですら、「開国」はタブーだったのです。三代家光以降、「攘夷」は絶対の正義なのです。

そもそも、政治の最高権力を握る征夷大将軍は、「夷を征《はら》う最高指揮官」です。では、黒船が来た時に何もできないのなら、何のために天皇から権力を預かっているのか。朝廷に政権を御返しするか、野蛮人を追い払え！　皆がパニック状況になっている時だからこそ、「天皇を中心に日本がまとまり、外国人を叩き出せ」との〝正論〟は威力を発揮し、幕府は揺さぶられ続けました。

こうした状況で、誰もが否定できない「尊皇攘夷」という実現不可能な正論を煽りに煽ったのが長州藩で、その流れに乗ったのが薩摩藩です。薩長は徳川を倒すと、攘夷など忘れたかの如く振る舞います。「もはや用済みの武器は使い捨てで十分だ」とばかりに。

今の日本政府の源流は明治政府です。そして、野党の起源もまた、明治政府に起源が求められるのです。では、与党と野党がいかにして成立していったのでしょうか。

土佐と肥前が明治政府に求められた理由

徳川幕府を倒し、明治維新を推進した雄藩は、俗に「薩長《さっちょう》土《ど》肥《ひ》」と言われます。しかし実際には、土佐と肥前は後から勝ち馬に乗った後発便乗組です。

長州が「尊皇攘夷」という正論を掲げながら討幕の声を上げ、この動きに薩摩が賭け、薩長連合軍と幕府軍が激突する鳥《と》羽《ば》伏《ふし》見《み》の戦いに至ります。その時点でも土佐と肥前は、討幕の態度を明らかにしていませんでした。

それどころか土佐は藩全体としては佐幕派で、徳川と薩長の私闘だと突き放しています。鳥羽伏見の戦い以前、薩長同盟と同時に薩土同盟もありましたが、こちらの同盟はまったく機能していませんでした。土佐は、幕府と薩長の間で揺れて佐幕派に傾いていたところで、鳥羽伏見の戦いを迎えました。それでも板垣《いたがき》退助《たいすけ》が薩長とつながりを持ち、独断で兵を率いて鳥羽伏見の戦いに駆けつけたので面目を保ち、雄藩の一角に食い込めました。

肥前に至っては、鳥羽伏見の戦いでも佐幕派です。藩論に討幕が登場するのすら、慶応三（一八六七）年と遅い時期でした。徳川軍が鳥羽伏見の戦いで崩壊すると、佐幕派の藩が雪崩現象を起こして討幕側に帰順し、肥前もそれでついてきただけでした。

慶応四（一八六八）年の正月に始まった鳥羽伏見の戦いを皮切りに、翌年五月まで戦線を北上させながら旧幕府軍の掃討戦が繰り広げられる中で、佐幕派だった肥前がなぜ許されたか。独自に富国強兵・殖産興業を行っていたからです。明治維新に至る前、およそ三十年かけて若手の登用と洋式工業の導入を成功させてきたことで、優秀な人材が豊富でした。新政府運用の中心となった薩長は、その人材を使いたかったのです。

二百五十年あまりの江戸時代を通じて、徳川幕府は全国統治のための巨大な官僚機構を築き上げていました。一方で新政府の中心となった天皇と朝廷は統治権力を手離して久しく、一から統治機構を整える必要があります。江戸幕府最後の将軍となった徳川慶喜《とくがわよしのぶ》は、大政奉還後にも「最終的には二百五十年の官僚機構を抱える自分に政権が戻ってくるだろう」と考えていました。慶喜にとって幕府の名目はなくなっても徳川を中心とした政府になれば良く、実際にその目論見《もくろみ》通りになりかけます。

この徳川体制を巨大な官僚機構もろとも潰したのが、大久保利通《おおくぼとしみち》です。大久保と慶喜の戦いの詳細は、小著『日本史上最高の英雄《ヒーロー》　大久保利通』（徳間書店、二〇一八年）をどうぞ。

では、潰した後はどうするかと言うと、新たな官僚機構が必要になります。薩長だけでは国家の経営ができないため、潰した官僚機構の補完として肥前の優秀な人材が求められたのです。大久保のもとで殖産興業や財政問題の対応にあたったのが、肥前出身の大隈重信《おおくましげのぶ》です。

「薩長土肥」と言っても、明治維新の最初から薩長と土肥の間には温度差がありました。これが現代にまで尾を引いているのです。流れの中心は、板垣退助と大隈重信です。

板垣退助と大隈重信が二大政党の源流

明治時代の初期は、大きな政変が繰り返し起こります。その中でも、現代政治を考える上で重要なのは、明治六（一八七三）年の政変と明治十四（一八八一）年の政変です。征韓論争を発端とした明治六年の政変では、土佐の板垣退助たちが藩閥政府から追い出されます。国会開設や憲法のあり方をめぐる対立が高じた明治十四年の政変で、肥前の大隈重信が追い出されます。

明治六年の政変で失脚した板垣は、全国遊説を行いました。地方の地主たちに、憲法を作ることと議会を開くことを説いて回ります。板垣と同様に下野した西郷隆盛《さいごうたかもり》の同調者たちが武力反乱を起こし政府軍に鎮圧されているのを横目に、板垣は言論で地方の地主を勧誘、地盤を築いていきます。

明治七（一八七四）年一月、板垣は愛国公党を結成し、政府に対して「民撰議院設立建白書」を提出します。藩閥政府を「有司専制《ゆうしせんせい》」と批判し、議会開設を要求した内容です。板垣はインテリの仲間を集めて薩長藩閥政府を論難していますが、この建白書に書かれているようなことは藩閥政府の側も考えていました。大久保利通、あるいは大久保が明治十一（一八七八）年の紀尾井坂の変で暗殺された後に政権を担う伊藤博文《いとうひろぶみ》らは、真剣に立憲政体樹立を検討していました。板垣たちの要求は即時実施で、大久保や伊藤は時期尚早という、方法論の違いがあるだけです。

とは言うものの当時の世間的イメージは、大久保は権力亡者の冷血漢、伊藤は金と女でスキャンダルまみれの木《こ》っ端《ぱ》役人です。板垣は新政府に不満な層を糾合し、支持を広げていきます。「官僚たちが権力を独占している。我々人民は正当な権利を持っているのだから、堂々と要求しよう」との煽りは、一定の支持層を得ました。

板垣たちの運動は、地方の豪農に浸透していきます。土地や租税の仕組みを江戸時代から大きく変えようとする政府に対して、不満や減税の要求が高まっていました。政治結社が作られ、板垣たち自由民権派は各地の政社を束ねようと試みます。士族反乱に合流しようとする者あり、地方民会の開設を要求する者ありと、紆余曲折しながら運動は進んでいきました。

　明治十一年七月、政府が地方に対する三つの法律を制定します。「三新法」と呼ばれるもので、地方の府や県の下部にあたる行政区画を整える法律、各地でバラバラな基準だった地方税を統一する法律、各府県に公選議会を設置する法律です。

　これを契機に、明治十三（一八八〇）年には国会開設の建白書が提出されます。建白書が元老院によって却下されると、全国的な国会開設請願運動へと発展していきました。この頃にいろいろな政治結社によって作成された憲法案を私擬憲法と言い、四十編あまりが現代まで伝わっています。政府でも、伊藤博文らが準備を進めます。伊藤をはじめ、立憲政体樹立に向けた明治政府視点での足跡は、小著『帝国憲法物語』（ＰＨＰ研究所、二〇一五年）をお読みください。

　明治十四年の政変は、こうした憲法制定と国会開設をめぐる動きの中で起こります。政府内で帝を戴く日本の議会はいかなる性質であることが適切だろうかと話し合われていた時に、大隈重信は抜け駆けをします。突如として、「二年で国会を開設し、イギリスに倣《なら》った政党内閣制にするのが良い」との意見書を天皇に上奏しました。議会も政党も存在していないのに、どうやって二大政党制を実現するのか？　このスタンドプレーに昨日までの同盟者の伊藤博文らが激怒し、大隈重信は政府から追い出されることになります。ただ同盟と言っても、肥前出身の大隈は伊藤ら長州閥の上に乗っているだけで、権力基盤は不安定でした。むしろ伊藤らは隙あらば大隈を追い出そうと虎視眈々だったのですが、大隈は「使える官僚」だったので我慢していただけです。大隈は迂闊でした。

なお、大隈の盟友が福沢《ふくざわ》諭吉《ゆきち》でしたが、大隈系官僚のみならず、福沢系の官僚も下野しました。今や大隈の作った早稲田大学（東京専門学校）がジャーナリストと野党政治家の供給源、福沢の慶應義塾が財界人を出す大学となっていますが、それも源流は明治十四年の政変です。

現代も続く政党の地盤

明治十四（一八八一）年に板垣が日本最初の政党である自由党を結成したのに続き、大隈も明治十五（一八八二）年に立憲改進党を結党します。大隈の地盤となったのは都市部です。田舎の地盤は既に板垣たちが基本的に押さえていました。そこで、大隈は都市のインテリに地盤を求めました。

ただ、当時の都市の規模は現在のように大きくありません。都会と言えば江戸時代から三都と言われる江戸・大阪・京都の三大都市が大都会で、それ以外では現在の県庁所在地ぐらいでした。とびぬけて人口の多い百万人都市だった江戸、四〇万人あまりを擁する商業都市の大阪、天皇の御所がある京都は三〇万人を超える規模の学問・文化都市です。三都以外では名古屋が一〇万人都市でしたが、都会と言われた鹿児島でも江戸時代後期の城下人口は七万人ほどです。これは山がちで平地の少ない、日本特有の地勢が大きな理由です。

日本列島は、約七五％が山地です。起伏に富み、まとまった広さのある平地は関西と関東に集中しています。東西の平野をつなぐ東海道は、海側だけが平地で残りのほとんどが山です。歴史上、日本国の政権は東海道伝いに東西の平地を移動してきました。平地は政権運営を支える穀倉地帯で、人口の多数は長らく山に住んでいたのです。

日本人が関西や関東のまとまった平野に集まって住むようになったのは、室町時代以降、戦国時代にかけての頃からです。十四世紀から十五世紀頃にようやく、平地の都市が見られるようになりました（網野善彦『日本の歴史をよみなおす』ちくま学芸文庫、二〇〇五年）。その後、江戸時代に今のような大都会や県庁所在地といった都市の原型が出来上がっていきます。

多くの都市の人口規模が限られた大きさに留まったのは、江戸時代に事実上の人口抑制策を採っていたからです。江戸時代前期に人口が倍増した後、中期から幕末に至るまで、日本の人口は三〇〇〇万人前後のままだったと推定されています。明治維新以降の殖産興業は、人口増加を抑制しないという意味があります。明治五（一八七二）年時点におよそ三四〇〇万人だった人口は、二十年後には四〇〇〇万人を超え、正式に国勢調査が始まった大正九（一九二〇）年には五六〇〇万人弱まで増えています。昭和に入ると「内地八〇〇〇万」と呼ばれる規模となり、大東亜戦争末期には海外領人口も含めて「一億玉砕」などと叫ばれました。明治維新以降、人口はずっと増え続けてきました。

大日本帝国は常に人口増加に悩まされます。絶えず移民が海外に出ていき、世界中で摩擦が起こったのは、日本の地勢と人口問題があったためでした。

選挙に関しては、戦前は在外邦人に投票権はありませんでした。そもそも、選挙権・被選挙権には年齢制限とともに納税要件が定められていたので、国内に住んでいても投票権のない人が大多数です。明治二十二（一八八九）年に衆議院議員選挙法が制定された時、有権者は人口のおよそ一％です。

なお、この日本特有の土地事情と人口問題も、本書のテーマである「なぜ日本の野党はダメなのか?」を考える上で、重要な要素となります。

表1-1　藩閥官僚政府

元老（藩閥内閣） ＋ 元老配下（藩閥及びその他官僚機構）	VS.	拒否権集団（衆議院）

衆議院を握る自由民権派

明治二十二（一八八九）年二月十一日、大日本帝国憲法が発布され、翌明治二十三（一八九〇）年七月一日に行われた初めての総選挙を経て、十一月二十九日に第一回帝国議会が開会されました。この日が帝国憲法の施行日です。

歴史学の多数説は、「強大な藩閥官僚政府に対し、唯一選挙で選ばれた衆議院は何の権限もなく弱小だった」とされてきました。大嘘です。上の図表を見れば、一目瞭然です。

長州閥の伊藤博文・山縣《やまがた》有朋《ありとも》、薩摩閥の黒田《くろだ》清隆《きよたか》・松方《まつかた》正義《まさよし》らの元老は、枢密院・貴族院・陸海軍・宮中、内閣、内務省などの官庁、以上のすべてに配下を据えています。ただ唯一の例外が、衆議院です。選挙で選ばれる衆議院でだけ、多数が取れませんでした。

第一回目の選挙の結果は、三〇〇議席中一三〇議席を板垣自由党が獲得して第一党となりました。それ以来、田舎の地主を地盤とする自由党と、その後継となる政党が常に第一党となる端緒です。都市を地盤に持つ大隈改進党は、四一議席を獲得して第二党です。合わせて一七一議席、これで過半数です。

この頃に「吏党《りとう》」「民党《みんとう》」という言葉ができます。使い始めたのは中江《なかえ》兆民《ちょうみん》と言われます。元老の藩閥政府とその与党である「吏党」に対し、自由・改進の二党は「民党」と呼ばれて国民の代表を自負しました。

政府与党が多数を取るどころか、憲法も議会も選挙も存在しない時代から民間に根を張る板垣自由党と大隈改進党の顔色を窺わねば、政権運営がままなりません。

明治十八（一八八五）年、第一次伊藤内閣は、改進党で最も影響力のある大隈を外相として取り込みました。帝国憲法の制定に向けて、伊藤が黒田清隆に政権を譲った後も、この提携は続きます。日本の悲願である条約改正が進まないことを、民間の勢力から攻撃されていたので、その中核である大隈を一本釣りしたのです。

大隈は黒田内閣で条約改正交渉に携わります。黒田は大隈以外にも、自由党系の後藤《ごとう》象《しょう》二郎《じろう》を入閣させて挙国一致体制を目指しています。帝国憲法発布翌日の明治二十二年二月十二日に、黒田は有名な「超然主義」演説を行いました。政党など歯牙《しが》にもかけないなどとの宣言です。しかし、やっていることはまるで違います。あっちにもこっちにも気を使っています。

大隈の条約改正交渉は失敗し、黒田内閣は退陣に追い込まれます。

黒田の後を引き継いだ第一次山縣有朋内閣は、初めての総選挙、議会開会に臨むこととなりました。第一回帝国議会が明治二十三年十一月二十九日に開会し、帝国憲法が施行されます。民党が多数の衆議院は、最初から大荒れでした。

実現不可能な正論「戦争をやれ、税金をまけろ」

第一回帝国議会の重要案件は、何を置いても予算です。予算が通らなければ、政府は何もできません。

明治時代は、常に列強からの圧力と危機が慢性的に続いていました。危機に対抗するには強い軍隊が必要です。強い軍隊を持つためにはお金が必要です。ここで藩閥政府に対して民党が突きつけたのが「対外強硬」と「地租軽減」でした。簡単に言うと「戦争をやれ、税金をまけろ」です。

現代では、減税しながら国防費だけを上げるという考え方もありますが、明治二十三（一八九〇）年当時の日本は事情がまるで違います。現代、こうした主張が成り立つのは、管理通貨制だからです。政府と中央銀行の信用によって通貨が発行されているため、インフレを覚悟すればお札を刷ってお金を増やすという手段があります。ところが、当時は金と交換できる信用ある通貨を政府が発行できる、金本位制を採用できることが文明国のステータスでした。金本位制のもとでは、政府が保有している金の量を超えて、通貨を発行することができません。しかも当時の日本は、管理通貨制どころか金本位制も導入できないところから出発しています。

　こうした後発の国にとって、大きな財源となるのが関税収入です。ところがこれも、幕末に列強と結んだ不平等条約によって、日本は関税自主権を奪われていました。そこで殖産興業で糸を作って売り、なけなしの金で武器を買わなければならなかったのです。一隻軍艦を買うと、国家財政が傾く時代です。ではどうするのか？　という時に減税しろというのは、「頭がおかしい人扱い」でした。長州藩出身で、明治政府の黎明期を支えた井上馨《いのうえかおる》など、晩年まで減税派を憎悪していたぐらいです。

　井上の最晩年の大正三（一九一四）年に欧州で第一次世界大戦が起こった時、当時の元老、山縣有朋と大隈重信首相に向けて出した意見書「天佑書簡」にも出て来ます。

一、此天祐《コノテンユウ》ヲ全《マット》ウセンガ爲《タメ》ニ、内《ウチ》ニ於《オイ》テハ比年《コノトシ》囂々《ゴウゴウ》タリシ廢減税等《ハイゲンゼイトウ》ノ黨論《トウロン》ヲ中止《チユウシ》シ、財政《ザイセイ》ノ基礎《キソ》ヲ強固《キヨウコ》ニシ、一切《イツサイ》ノ黨爭《トウソウ》ヲ排《ハイ》シ、國論《コクロン》ヲ世界《セカイ》ノ大勢《タイセイ》ニ随伴《ズイハン》セシムル様《ヨウ》指導《シドウ》シ、以《モツ》テ外交《ガイコウ》ノ方針《ホウシン》ヲ確立《カクリツ》セザルベカラズ。

（『世外井上公伝』第五巻、三六七頁、内外書籍、一九三四年）

第一次世界大戦は日本が国際社会で列強と肩を並べる機会だとして、国論の指導を説いている部分です。減税反対どころか、「減税派など撲滅」と言わんばかりの書きぶりです。

初期議会での民党は「政費節減・民力休養」を掲げ、政府が提出した予算案を削減、時に否決することで対抗しました。衆議院には予算先議権があります。歴史教科書では「明治憲法下で唯一選挙で選ばれる衆議院は藩閥官僚政府の前に弱体で、予算先議権しかなかった」と書かれるのが常ですが、何も分かっていないのでしょう。予算先議権こそ最強の権力です。

衆議院で多数を持つ民党が賛成しなければ、予算は通りません。予算は国家の意思ですから、衆議院に多数を持つ民党は、絶大な拒否権を持ったことになります。

難航する予算審議に、山縣は板垣自由党の主流である土佐派議員を買収して、第一回予算案を通したところで力尽き、明治二十四（一八九一）年五月六日に総辞職します。

のっけから、これです。

元老たちは衆議院との提携を図ります。伊藤博文や山縣有朋ら長州閥は板垣自由党と、黒田清隆や松方正義ら薩摩閥は大隈改進党と組んで妥協しようとします。長州と土佐、薩摩と肥前が組む構図です。

しかし、そもそもの自由民権派の主張が「戦争しろ、税金まけろ」と無理難題なので、なかなか上手くいきません。民党からしたら、「実現不可能な正論」を突きつけて、次々と元老の政府を潰していった格好です。

では、歴代首相が涙ぐましいほど自由民権運動の皆さんに媚《こ》びへつらった様子を、続けて見ていきましょう。

野党の誕生――官僚と多数党の妥協が日本の支配構造

山縣内閣の退陣を受けて明治二十四（一八九一）年に成立した第一次松方正義内閣は、総選挙に敗北し、政党との提携に失敗して衆議院と対立し、政権運営は混迷しました。見るに見かねた明治天皇が、「宮中経費のほとんどを削るから、この金で軍艦を作れ」と調停を言い出すほどです。

代わった第二次伊藤博文内閣は「元老総出内閣」と呼ばれるほど、閣僚に元老を揃えました。しかし、そんなことは民党には関係ありません。伊藤はヤケクソのように半年に二回も衆議院を解散しますが、議席数はまるで変わりません。

この内閣で衆議院が政府に協力したことが、一度だけありました。日清戦争です。明治二十七（一八九四）年八月一日に宣戦が布告されると、対外強硬を主張してきた民党は一斉に政府を支持しています。日ごろから「戦争やれ！」と言っていたので、自分たちの主張が容れられて国内政治は一時休戦です。ただし、戦争が終わると元の木阿弥でしたが。

明治二十九（一八九六）年に第二次松方内閣が成立し、大隈重信の改進党あらため進歩党と提携して議会に与党を得ます。これは閣内で対立を来し、提携破談の結果に終わります。振り出しに戻りました。

明治三十一（一八九八）年一月に成立した第三次伊藤内閣は、板垣と大隈を天秤にかけ、天秤にかけられた側の板垣と大隈が手を組みます。衆議院に議席の九割を占める超巨大野党、憲政党が出現しました。

伊藤博文は、事ここに至り、いかに元老が内閣を組織しようとも、議会で多数を占める与党がなければ政権運営が困難であることを決定的に悟り、憲政党に政権を持たせる覚悟をします。元老会議はお通夜状態となりましたが、他に策はありません。

かくして明治三十一年六月に成立したのが、第一次大隈重信内閣です。ところが、彼らには政権担当能力が、まるでありません。この時の大隈内閣の所業と比べたら、後の鳩山《はとやま》由紀《ゆき》夫《お》民主党内閣など子供の遊びです。勝手に組閣本部が乱立するところから始まり、友好国のアメリカに戦争を吹っ掛けそうになり、最後は猟官活動が高じて憲政党が分裂したところで、政権は四か月で瓦解しました。板垣ら旧自由党は憲政党を、大隈らは憲政本党を結成します。

大隈内閣の後を引き取ったのは、第二次山縣有朋内閣です。山縣は元々政党に対して不信感を持っていたので、政党内閣などとんでもないという考え方ですが、我慢して板垣憲政党に頭を下げて政権運営に協力してもらいました。議員歳費を三倍にする「合法的買収」で黙らせ、悪名高い軍部大臣現役武官制の他に、増税や文官任用令改正（つまりキャリア官僚制の創設）などを呑《の》ませました。山縣はこのやり方を大成功と自己評価していました。

これに対し、まったく別のことを考えていたのが、伊藤博文です。伊藤は、藩閥のすべてに威令が及ぶ自分が、衆議院第一党を組織すれば良いと考えました。藩閥はその他すべての機構を押さえているけれども、衆議院が予算を通してくれなければ何もできない。しかし、その衆議院には政権担当能力がない。ならば、政権担当能力のある自分が衆議院第一党を率いれば、万事丸く収まる。

明治三十三（一九〇〇）年九月十五日、夏の間の一か月にわたる準備の後、立憲政友会が設立されます。山縣から猟官活動を拒否された憲政党も、伊藤に接近してきました。伊藤は、自分の子分の官僚と、旧板垣自由党系の党人をまとめ上げ、「政党の模範たるべし」としました。この動きに対し、政党など信用ならない山縣は、伊藤の邪魔をし続けて対立しました。

この後も紆余曲折はありますが、常に衆議院第一党でいる立憲政友会が誕生します。政友会は、発足以来昭和七（一九三二）年までの間、与党もしくは準与党の地位にあること二十五年となります。

一方、大隈改進党は、進歩党・憲政党以降もコロコロと名前を変えながら、衆議院第二党、つまり野党第一党の地位を占めます。本書の主題となる「野党」の誕生です。

自民党は政友会の後継政党

日本憲政史における二つの源流を確認しましょう。

土佐〜板垣自由党〜立憲政友会

ここに、伊藤博文ら長州閥が合流しました。この人たちは、敗戦後に吉田《よしだ》茂《しげる》が率いる自由党に行きつきます。地方の地主が支持基盤です。

もう一つが、

肥前～大隈改進党～憲政本党

憲政本党は離合集散を重ねながら一時は政友会をしのぐ勢力を持つ立憲民政党になり、敗戦後は鳩山《はとやま》一郎《いちろう》が率いる日本民主党となります。都市のインテリ層が支持基盤です。自由党と日本民主党が合同して自由民主党となりましたが、自民党は基本的には地方の地主が支持基盤です。都市インテリ層は、地方地主が主流の自民党の中では、やがて従属的地位に追いやられていきます。

結局、日本憲政史においては地方の地主が主流で、都市のインテリは非主流です。ここに日本の野党がなぜ弱いのかの理由があるのですが、それも本書で一つずつ見ていきましょう。

結論を先取りして言うと、現代の自民党は、政友会の後継政党です。政友会は常に与党的地位、自民党は野党になった時期が極端に短い。だから、体質は同じです。そして、体質として引き継いでいる点は、二つあります。

一つは、田舎の地主の利益代表であること、つまり日本国の多数派を取っていることです。もう一つは、本質的に官僚機構に対する口利き屋であることです。

現代と異なるのは、自分に政権担当能力がないと政友会は自覚していたことです。自民党のように、官僚に対する口利き屋にすぎない分際で「政権担当能力がある政党は自分たちだけだ」などと、驕り高ぶることはありませんでした。

政権運営を安定させるためには、衆議院で予算を通すことが必須です。明治の初期議会では、政権を担った元老たちが衆議院をいかに取り込み、議会で予算案を通すかに腐心しました。この事情は、伊藤が政友会を結成した後も同様です。

明治三十三（一九〇〇）年十月、山縣有朋は強引に総辞職し、伊藤に政権を押しつけました。政友会結党直後で、政権担当準備のない伊藤が失敗するのを狙ったのです。第四次伊藤内閣は、衆議院に過半数を持つ政友会内閣ですが、貴族院の攻撃に手を焼きます。

伊藤内閣の閣僚は半分党人、半分が官僚出身者です。党内運営では党人と官僚の調整が紛糾する有り様です。衆議院過半数を持ちながら予算を通すのがやっとで、半年あまりの短命政権に終わりました。

藩閥官僚と政友会による国家運営

伊藤を継いだのは、山縣有朋子飼いの桂太郎陸軍大将です。若い桂は、それまでの元老に対し「二流」の世代でした。ただ、桂の政権運営は先輩元老の誰よりも巧みでした。

桂は初期議会の反省から、藩閥の流れをくむ官僚機構と衆議院第一党の協調関係を構築します。十二年間続く、「桂園《けいえん》時代」と呼ばれる期間です。「桂」はもちろん桂太郎。「園」は伊藤博文から政友会を引き継いだ、公家出身の西園寺《さいおんじ》公望《きんもち》のことです。ただ、党の金庫番として実際に党内を切り盛りしていたのは、原敬《はらたかし》です。日露戦争後は、藩閥官僚と政友会が交互に政権を担当したのが、この期間です。桂園時代の実態は「桂原時代」です。詳しくは、小著『桂太郎――日本政治史上、最高の総理大臣』（祥伝社新書、二〇二〇年）、『史上最強の平民宰相　原敬という怪物の正体』（徳間書店、二〇二一年）をどうぞ。

原は、政友会に政権担当能力がないことを分かっていました。そこで、原のとった戦略は、政権与党の実力がない間、力を蓄えることです。日露戦争で度重なる増税に耐えてきた国民は、賠償金の取れない講和に反対運動を繰り広げます。講和を成功させたい桂は、原に協力を求めました。そこで、戦争終結による桂の花道退陣を支える代わりに、政友会への政権譲渡の取引をします。

明治三十八（一九〇五）年、桂は約束通り、次の首相に西園寺公望を奏薦《そうせん》して退陣します。第一次西園寺内閣の組閣が行われますが、実は政友会から入閣した大臣は、二人だけです。原敬が内務大臣、原が政府と交渉している間に党内をがっちり押さえてきた松田正久《まつだまさひさ》が司法大臣となりました。松田正久は、自由民権以来の党人政治家の重鎮です。首相を含めて三人だけが政友会、それ以外は藩閥官僚でした。まだ、政友会には大臣になれるような人材が他にいないためです。

原は、むりやり大臣全員を政友会から出して、政権担当能力がないことが露《あら》わになれば、下野した後に政権を取り返すことが難しくなることを分かっているのです。一方で、自身が内務大臣に就くことで、全国に地盤を広げます。内務大臣は、地方行政・選挙・警察を握っているポストです。当時は大蔵省や大蔵大臣は力がなく、内政で圧倒的な権力を持っていたのが内務省でした。なぜ大蔵省に力がないかと言うと、必死に予算を作ったところで、衆議院が拒否して葬り去れば終わりだからです。衆議院に拠点を持つ政党内閣も、貴族院の抵抗には苦労しますから、蔵相は重要ですが労多くして益少なしのポストなのです。最初は官庁の格でも、内務省の下でした。

第二次桂内閣を挟んで、明治四十四（一九一一）年八月に成立した第二次西園寺内閣でも党人をはずし、閣僚に原が外交官時代の後輩をずらりと並べています。政友会に実力者が不足していることと、第一次大隈内閣当時の内部分裂の教訓です。何はともあれ大臣になりたい大臣病患者が大量発生すると、大臣の椅子を身内で獲り合って収拾がつかなくなるので、抑制策をとったのです。

もちろん桂園時代においても、桂率いる政府官僚と西園寺・原の衆議院第一党との間で暗闘はあります。ただし、他の野党はかすりもしない構図です。

現代の例を挙げると、ちょうど平成二十四（二〇一二）年からの第二次安倍内閣です。安倍晋三首相・麻生太郎《あそうたろう》財務相・二階俊博《にかいとしひろ》幹事長の三人が組んでいれば、三人の間でいかに暗闘があっても反主流派や野党は手出しができない構造で八年間続きました。それと同じです。

桂園体制は、政友会が何をやっても選挙に勝つ状態です。すると選挙に意味がなくなるので、予算編成が重要になります。桂は利権を投げ与えることで政友会を押さえます。原政友会は桂の政権運営に協力する代わりに、党勢拡大の利権を認めさせる。西園寺が政権を取ると、桂は反発する官僚たちを取りまとめ、恩を売る。ごく少数の高級官僚と三人の与党政治家による談合体制です。その他の人たちは、談合している中心人物にぶら下がっている状態です。体制内の抗争はあっても、体制への批判勢力は育ちません。大隈重信に連なる人たち

表1-2

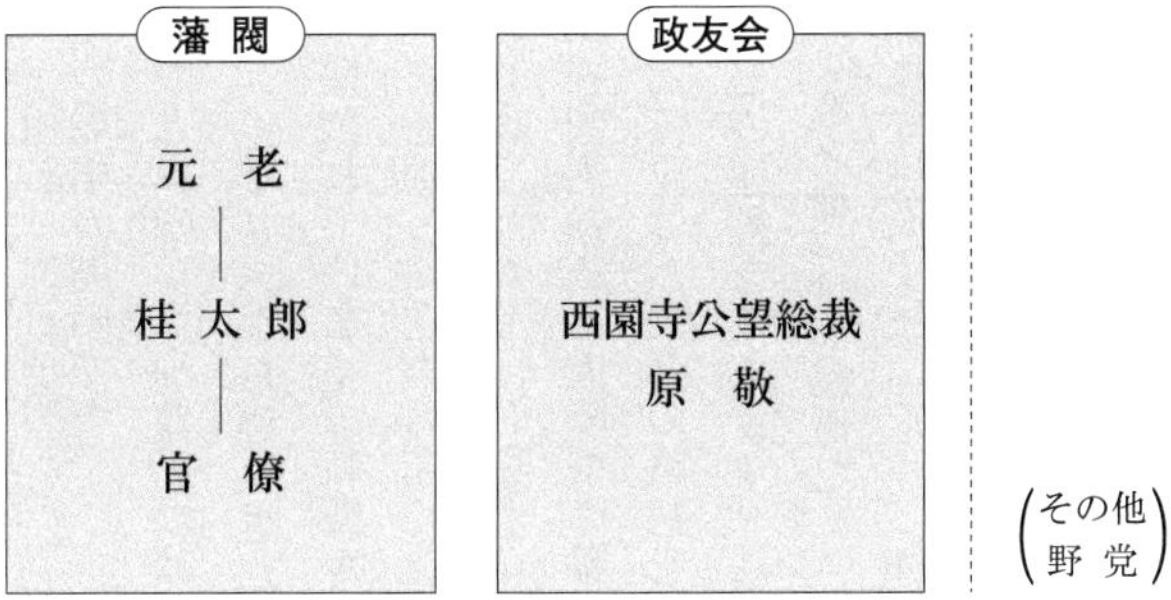

が何を言おうが、外野の遠吠えです。

桂園体制の決裂――マトモな野党を目指して

こうした桂園体制が決裂したのは、第二次西園寺内閣の時です。

まず国際情勢が変動します。明治四十四（一九一一）年八月末に政権が発足して間もない十月に大陸で辛亥《しんがい》革命が起こり、清朝が転覆します。内政では経済と財政的な困難の克服が引き続き課題です。第二次西園寺内閣では、大陸情勢を理由とした陸軍の二個師団増設要求と、行政整理を掲げた政友会が予算をめぐって対立しました。

第二次西園寺内閣が総辞職に至った直接の原因は予算をめぐる攻防ですが、桂と原が決定的に分かり合えなかったのは、鉄道問題です。明治初頭から始まった鉄道敷設は、この頃には主要幹線がほぼ完成していました。問題となった原因は、日本本土と大陸の規格の違いです。

鉄道の二本のレールの幅には、いくつかの規格がありました。明治初期に日本で敷設されたのは、イギリスから導入された狭軌《きょうき》です。一方、大陸ではそれよりもレールの間が広い広軌が使われています。軌間が広ければ、その分大きな車両を走らせることができ、速度も上がりますから輸送力も高くなります。日清戦争後には、既存路線の広軌への改築が取り上げられるようになり、日露戦争後は輸送力強化がさらに求められるようになりました。

桂は、国内輸送と大陸での輸送との互換性を考えて広軌への改築を主張する立場です。それに対して原は、既存の路線を改築するよりも、鉄道を各地へ延伸することで地方の支持基盤拡大との連動を考えます。桂の考えは「改良主義」、原政友会の考え方が「建設主義」です（升味準之輔『日本政治史2　藩閥支配、政党政治』東京大学出版会、一九八八年）。

官僚機構側の桂としては、当初は日露戦争を乗り切るために政友会と組みました。衆議院を押さえる原は、戦争に協力するから政権を寄越せとか、政権運営に協力するから鉄道利権を寄越せといった主張を繰り広げます。政府への協力を引き換えにした条件闘争です。ただ、桂が国家本位で、原が利権屋だと単純に斬って捨てることもできないのは、後に戦争だからと言って条件闘争すらしなくなった大政翼賛会《たいせいよくさんかい》の歴史があるからです。

だからと言って、有事の挙国一致はともかくずっとそのままでは困ります。原政友会に対して、これ以上の妥協を厭《いと》う桂の気持ちは、新党結成に向かいます。地元の利益代表の政友会に対し、桂は健全なイギリス型の政党を作ろうと思いたちました。ここに、日本にマトモな野党を作ろうとの動きが始まり、一時は成功し、そして挫折することとなります。

第二章

なぜ「憲政の常道」は確立されなかったのか

桂太郎は、なぜ「新党」を結成したのか

我が国においても、「マトモな野党を作ろう」との動きはありました。その動きは、明治の元老であった桂太郎にまで遡ります。

桂太郎は、間違いなく憲政史上最高の総理大臣です。第一次内閣で日英同盟を結び日露戦争に勝利し、第二次内閣では条約改正と朝鮮併合を難なくやり遂げ、日露戦争後の財政問題に立ち向かいました。既に不治の病を患っていた桂は、その人生の最終章において、日本に健全な政党を創設し、二大政党制に持っていこうとしました。そして新党結成に乗り出します。しかし、苦難の道のりでした。

改元の年から翌年までに政変が起きると言われています。大正二（一九一三）年も、大正政変に見舞われました。きっかけは、二個師団増設問題です。大正元（一九一二）年末、上《うえ》原勇作《はらゆうさく》陸相が辞任し、後任大臣推薦を陸軍が拒否したことで、西園寺率いる立憲政友会が内閣総辞職で応じます。この後を受けて第三次桂太郎内閣が成立します。

桂園時代の十二年間、西園寺か桂のどちらかしか首相にならない環境は政治空白を避けると同時に、元老が次の首相の奏薦を行うことによる政治的な影響力も抑制しました。仮に元老会議が二人以外の候補を奏薦して内閣ができても、桂と西園寺の協力がなければ政権を維

持できませんから、桂と西園寺の政権授受を追認するより他ありません。だから、後継首相を決める元老会議は開かれません。こうして力をつけた桂は、元老筆頭の山縣有朋から警戒され、明治天皇の崩御を機に、内大臣兼侍従長として宮中に封じ込められていました。

総理大臣候補が二人しかいない状況が崩れるや、久しぶりに開かれた元老会議は二転三転して後継候補者を決められず、もう一度桂が内閣を組織することとなりました。

山縣ら元老と衆議院の過半数を制する巨大野党の立憲政友会が睨み合う間隙《かんげき》を縫って桂は宮中を脱出、三度目の政権を奪取しました。

この間、政友会以外の政党が何をしていたか。

第一次大隈内閣で内紛を起こした憲政党は解散され、党名だけでなく元の綱領や党則を継承した新しい憲政党と、追い出された人たちによる憲政本党に分かれます。その憲政党も解党して議員たちは立憲政友会に合流し、与党のうま味にあずかります。

一方の憲政本党は桂園時代を通じて野党です。負けっぱなしの野党が仲間割れを始めるのは、世の常。与党政友会が勢力を伸ばすと、党内対立が深まりました。憲政本党は明治四十三（一九一〇）年三月に他の小会派を糾合して立憲国民党を結成しましたが、政界のメインストリームからは蚊帳の外の存在にすぎません。その国民党に、桂は目をつけていました。

新党結成を目論む桂は、従来のような衆議院第一党の政友会との協調を約束せずに第三次内閣を発足させます。

ところで戦前日本には、「宮中《きゅうちゅう》・府中《ふちゅう》の別《べつ》」との慣例がありました。宮中は文字通り、天皇にお仕えする人たちのいる場所、府中は政府の別名です。「宮中・府中の別」は、政治権力をめぐる争奪で天皇や皇室が当事者とならないための知恵です。ところが勅諚《ちょくじょう》により宮中に入っていた桂は、天皇の勅語によって政府に戻ります。桂の行動は「宮中・府中の別を乱す」と批判されました。もっとも「勅諚により」「勅語によって」は形式で、実質的には桂を宮中に入れたのは山縣有朋、政府に戻したのは桂自身です。

こうして組織された第三次桂内閣は、政権運営に困難がつきまといました。衆議院を押さえる政友会との蜜月は過去の遺物となり、予算をめぐっては陸軍と海軍が張り合っています。この調整にも勅語を頼ったことが、世論の政権批判を呼びます。践祚《せんそ》したばかりの若い天皇を利用して、桂が権力を守ろうとしていると思われました。

これが、第一次憲政擁護運動を招きます。政友会有志による懇談会を皮切りに多くの会合を経て、「閥族《ばつぞく》打破、憲政擁護」のスローガンが叫ばれるようになります。実際のところ、この当時の桂は閥族どころか、ここまで見たように山縣有朋とも暗闘を繰り広げる状態だったのですが、そんな裏事情は誰も知りません。二個師団増設問題の当事者である上原陸相すら、山縣と桂がそんなに険悪だとは知らなかったくらいですから。

この桂は二度の首相時代、日露戦争と戦後処理の難局を乗り切るために、政友会を率いる原敬と取引し、妥協しました。しかし、鉄道問題での対立で、限界を感じていました。桂は朝鮮半島そして中国大陸に合わせた広軌の線路を敷きたがりました。しかし原は国内標準の狭軌を要求します。その方が日本全国に鉄道を敷きやすいからです。当時、地元に鉄道を誘致するのは最大の利権です。日露戦争と戦後経営に邁進する桂に協力する代わりに、原は鉄道利権を引き出し、政友会の勢力拡大を狙ったのです。ここに十二年間の情意投合を続けてきた桂と原は、決定的に対立します。

桂からすれば、鉄道の規格の問題は、日本にとって死活的に重要な大陸との輸送の互換性を言っているのに、それを犠牲にしても国内の利権の方が大切なのか。そもそも、日露戦争に勝ったとは言え政府に金がないのに、なぜ自分たちの利権ばかり要求するのか。好きで増税したいわけではないのに、増税に協力してもらう代償として、政権授受を約束せねばならないのか。

桂は、日本にもイギリス型の政権交代の必要があると痛感します。健全な政権交代は、前政権の腐敗を一掃します。一方で政権交代がないと、しがらみだけが積み重なり腐敗していきます。そして腐敗が充満すると、やがて国家本位の政策がとれなくなる。だから政友会との同盟を捨てたのです。そして自らが進めてきた、衆議院第一党と官僚機構の野合体制の打破を模索しました。

そこで桂は政友会に対抗するため、既存の政党勢力を取り込むことを画策したのです。桂は、自身の子飼いの官僚を連れてくると同時に、議会を停会して既存政党の切り崩しを図ります。主に取り込まれたのは、憲政本党から分かれた立憲国民党です。

立憲国民党は、自由主義的な政策を主張した政党ですが、内部には対立がありました。後に首相となる犬養《いぬかい》毅《つよし》を中心に民党としての伝統を矜持とする集団と、非政友会勢力を糾合し官僚とも結んで政権に近づく構想を持つ大石《おおいし》正巳《まさみ》や河野《こうの》広中《ひろなか》らの集団です。桂の政党勢力取り込みは、大石や河野ら四十余名の脱党を呼び、立憲国民党の勢力を半減させました。

一方、政友会の切り崩しには、さしたる成果が上がりません。党を牛耳る原敬が巧みに切り崩しを跳ね返しました。世論は桂内閣に批判的でしたから、桂新党に馳せ参じた代議士の方が議会の少数派でした。

既に政権末期と化していた大正二年一月二十日、桂は新党計画を発表します。現職代議士は少数で、桂の子飼い官僚が中心でした。

桂は、一世代前の伊藤が行ったように、政党政治家に政権担当能力がないのであれば、つい昨日まで行政を動かしていた官僚を連れてきて、政治家にすれば良いではないかと考えます。これを、「官僚の政党化」と言います。官僚を政治家として育てることです。伊藤博文が政友会を作った時もそうでしたし、第二次世界大戦後は吉田茂《よしだしげる》が伊藤や桂の手法を繰り返しています。官僚出身者は、即戦力だったのです。

桂新党の双璧は外務省の加藤高明や内務省の後藤新平《ごとうしんぺい》ですが、徐々に大蔵省出身の官僚政治家が中心となっていきます。大蔵省で次官経験のある若槻礼次郎《わかつきれいじろう》や濱口雄幸が幹部として台頭します。後藤はすぐに加藤との権力闘争に敗れ、政党そのものに籍を置かなくなります。やがて桂の後継者は、加藤〜若槻〜濱口と受け継がれていきます。

首相在任中に新党創立委員長となった桂は、正式な結党を前に病に倒れ世を去ります。加藤高明が準備を引き継ぎ、新党計画が発表された大正二年の年末、十二月二十三日に立憲同志会の結党式が行われました。以後、同志会は加藤のもとで党勢を拡大していくこととなります。

桂内閣が憲政擁護運動によって倒されたため、桂新党の当初のイメージは最悪でしたが、すぐに回復していきます。

二大政党の萌芽が生まれた大正中期

立憲同志会は、意外と早く成就します。

桂内閣を引きずりおろした後、海軍大将の山本権兵衛《やまもとごんべえ》を首班とする第一次山本内閣が成立します。事実上の政友会内閣で、陸相・海相・外相の三ポストは原敬の友達、その他全員が政友会の党員もしくは、後に政友会に入党する人たちで構成された内閣です。日銀総裁から蔵相となった高橋是清《たかはしこれきよ》や、農商務相となった財界人の山本達雄《やまもとたつお》は、後から政友会に入党した組です。

第一次山本内閣に対する世論は冷たかったものの、改革内閣として多くの仕事をします。ところが、海軍の軍需品調達をめぐる贈賄が問題となったシーメンス事件が噴出しました。当然、野党第一党の同志会は、この事件を利用して政権攻撃を積極的に展開します。

大正三（一九一四）年三月に山本内閣が総辞職に追い込まれ、在野で世論の人気の高かった大隈重信が再び政権に返り咲きました。同年四月十六日に成立した第二次大隈内閣です。同志会の加藤高明は、外相として入閣します。副総理格です。なお、加藤高明外相・大浦兼《おおうらかね》武《たけ》内相・若槻礼次郎蔵相と、主要閣僚は第三次桂内閣と同じです。第三次桂内閣が潰れる原因となった二個師団増設問題を、大隈内閣はいとも簡単に通します。大衆人気が高かった大隈首相だから可能でした。今も昔も、支持率が高い内閣は何をやっても許されるのです。支持率が高いうちは……。

　第二次大隈内閣が成立した時点で、同志会は第二党です。第一党の政友会の方が野党です。現代であれば、議会で多数を占める政党が内閣を組織するのが当たり前ですが、この当時は少し事情が異なります。内閣成立時に衆議院の多数を占めている政党が与党とは限りません。むしろ、山本内閣から大隈内閣への政権交代を嚆矢《こうし》として、「政権運営に失敗した内閣は下野して第二党に政権を渡せ！」との考え方が主流になります。政権運営に失敗した内閣がいつまでも権力の座にしがみつくのを良しとしない文化が形成されていくのです。

　選挙で選ばれていない内閣が勝てる時期を選んで解散総選挙を断行、権力を使って第二党が第一党の議席を奪うのが良いのか。そういう批判も出てきます。しかし、現代の万年第一党が、支持率が回復するまで政権に居座り、少しでも野党に隙ができた瞬間に解散総選挙を断行するのと、どちらが良いかは本書を最後まで読んでから決めてください。

　なお、戦前流の「政権運営に失敗した第一党が下野し、第二党が政権を担当する」との運用の場合、遠からず解散総選挙が行われるとのメカニズムが働きます。なぜなら、政権与党は少数派なので、できることが限られます。だから総選挙で多数を得ようとし、民意が問われるようになるのです。衆議院第二党立憲同志会に支えられた第二次大隈内閣が、その最初の例となります。

憲政会、政友会に対抗する二大政党へ成長する

大隈内閣発足から約一年後の大正四（一九一五）年三月二十五日に行われた第十二回衆議院議員総選挙は、同志会が一五三議席を獲得する大勝となり、衆議院第一党となりました。首相をはじめ閣僚らが全国遊説を行い、演説で各地の有権者に訴えかけた選挙ともなりました。後に首相となる濱口雄幸が初当選した選挙でもあります。

この時の総選挙は、歴史に残る大々的な選挙干渉が行われました。大浦兼武内相は警察権力を動員し、買収・脅迫・野党側だけの選挙違反摘発と、思いつく限りの干渉を行いました。現在の公職選挙法では戸別訪問が禁止され、選挙活動が厳しく制限されています。この時に戸別訪問が盛んで買収が行われたからです。見るに堪えませんでした。大浦は、原の運転手を買収し、スパイまでさせたとか（原奎一郎『ふだん着の原敬』中公文庫、二〇一一年、四八頁。

初版は毎日新聞社より一九七一年に刊行）。

野党の政友会は、二〇九議席から一〇八議席と議席を半減させ、第二党に転落します。原敬が政友会総裁として戦った初めての選挙は大敗となりました。

ただ、原は負けたと思っていません。元々の地盤を失ったわけではないからです。敗因が政府による選挙干渉だと分かっていました。当時の原の日記には、全国各地で行われた選挙干渉の情報が書き留められています。投票日の直前、一夜にして形勢が変わった地域もあります。この選挙の後、原は高橋是清らと会見し、しばらく自重すれば党勢を回復できるという見通しで一致しています（『原敬日記』大正四年三月二十五日〜四月一日）。この見通しは、次の選挙で現実となります。

欧州で第一次世界大戦が始まった国際情勢への対応で加藤が元老と対立し、いわゆる対華二十一カ条要求など次々と外交に失敗したことで、大隈は内閣改造を余儀なくされます。議会では、第十二回総選挙での選挙干渉で対立候補の買収による立候補妨害が激しく非難され、責任者の大浦内相だけでなく、同志会の加藤外相と若槻蔵相が辞任します。世論の大隈人気も陰りが見られるようになりました。その後の一年間、粘れるだけ粘った大隈は、元老らあらゆる勢力の批判を受けて退陣に追い込まれます。

ただし大隈の主観では影響力を残して辞めたつもりで、後継者に加藤高明を天皇に奏薦します。しかし、元老でもないのに勝手なことをした大隈の奏薦は無視され、権限を持つ元老たちは陸軍大将の寺内《てらうち》正毅《まさたけ》を選びました。大正五（一九一六）年十月九日、寺内が組閣することとなり、同志会は野党に転落します。二年間の短い与党生活でした。

ここで寺内は、第二党の政友会に与党入りを求めました。当然、大臣の椅子を渡す気です。しかし政友会総裁の原は、あえて大臣の椅子を断ります。しかし「組閣の相談」には乗り、準与党の立場を維持します。結論から言うと、政友会は準与党的な絶妙な地位を維持し、原は責任を負わない立場で寺内内閣に好き勝手な干渉をしました。原は「是々非々」を宣言しましたが、「好きな時に拒否権を行使させてもらう」の意味です。

対する同志会は、第二次大隈内閣末期に小会派の中正会や大隈重信の後援会から当選した議員団の公友倶楽部と合同する話が持ち上がり、寺内内閣成立翌日の十月十日に憲政会として再出発します。代議士一九七名を擁する大政党です。今度は、衆議院第一党の憲政会が野党です。

政権発足から約三か月後の翌大正六（一九一七）年一月二十五日、寺内内閣は議会を解散し、四月二十日を投票日として第十三回衆議院議員総選挙が施行されました。すると、政友会が一六五議席と躍進し、憲政会は一二一議席に減らします。政友会が第一党をすぐに取り返しました。同志会（憲政会）が第一党だった時期は、たった二年です。ここから「苦節十年」の野党暮らしが始まります。

ここで選挙構造に、大きな変化が起きました。

明治期は、元老が何度選挙を行っても、警察権力を使っても、衆議院では勝てません。板垣退助や大隈重信は、それぞれ地盤を持っていたからです。そこで、板垣が持っていた地盤に伊藤博文が子飼いの官僚をくっつけて政友会ができます。この党は、原敬が育てます。桂は大隈が培養した地盤をもらって子飼いの官僚をくっつけた同志会を作ります。こちらの党は他の少数政党を糾合し憲政会となり、加藤高明が育てます。

地盤を持つ二大政党が出そろった最初の総選挙が、第十二回総選挙でした。同志会は、それまでずっと第一党だった政友会に勝ちます。次の第十三回総選挙では、今度は与党となった政友会が同志会改め憲政会に勝ちます。つまり、地盤を持つ者同士が戦うと、与党にいる方が第二党から第一党に引っくり返せる選挙の最初です。だんだんと、「選挙をやったら必ず与党が勝つ」「選挙の前には与党にいなければ」との雰囲気ができていきます。

さて、寺内は加藤率いる憲政会を第二党に叩き落としましたが、今度は第一党に返り咲いた政友会に振り回されます。寺内は健康にも恵まれず、原に政権を引き渡すこととなります。

原敬は、伊藤博文や西園寺公望をダシに使い、桂太郎と張り合い、ついには山縣有朋を屈服させた怪物政治家です。明治三十四（一九〇一）年の結党以来十八年、完全な野党だった期間は三年もありません。その間、官僚機構に対し事あるごとに拒否権を行使して叩きのめし、着々と政官界で実力を養っていました。もはや原に対抗できる者は一人もいない状況で、政友会内閣を組織します。

ちなみに現代では公明党が連立入りしてから二十年、政権の中での役割が増しています。与党にいるうちに、政権担当能力をつけていき、政官界で無視できない勢力となりました。しかし、大臣の数は常に一人のままです。対する政友会は、最初こそ大臣の数を絞らざるを得ませんでしたが、徐々に政権担当能力をつけていき、官僚が就く慣例だった陸海外相以外は、すべて自前で用意するまでに成長しました。そして、その三つの大臣の人選にも、原は注文をつけるほどになっていきます。言うなれば、原政友会は、「公明党より圧倒的に早く自前で内閣を組織するまでに成長した政党」なのです。

原一強の時代——野党第一党を堅持する憲政会

原は自己の権力を盤石とするために、選挙制度に手をつけます。

既に明治三十三（一九〇〇）年の衆議院議員選挙法改正で議員定数の拡大と納税要件の緩和が行われ、有権者数が増えていましたが、それでも総人口の二％強ぐらいです。地方の選挙区での総選挙の規模は、現代で言えば青年会議所（ＪＣ）の会頭選挙のような感覚です。また、明治三十三年の改正では被選挙権から財産制限が撤廃され、立候補は誰でもできるようになりました。区割りは小選挙区制から、一府県一選挙区の大選挙区制が採用されます。その選挙区から一人しか当選できないのが小選挙区制、複数の当選者を選ぶのが大選挙区制です。

大正八（一九一九）年、原は小選挙区制に戻します。議員定数も三八一人から四六四人に拡大され、納税要件も十円から三円に大幅に引き下げます。原は、普通選挙こそ導入はまだ後のこととして退けますが、これで有権者は総人口の五％超となりました。

翌大正九（一九二〇）年五月十日に施行された選挙法改正後の初めての第十四回衆議院議員総選挙では、政友会が絶対多数を取る大勝を収めます。四六四議席中、二七八議席を政友会が占める結果となりました。

原は、前回選挙で第一党となった衆議院での勢力を背景に、憲政会など野党はもちろん、海軍や、山縣有朋の陸軍閥を抑え込みます。最終的に原は、宮中・枢密院・貴族院・陸海軍・官僚・司法に至るまで、すべてを制圧した無敵の総理大臣になります。大正十（一九二一）年十一月四日、原は東京駅で襲撃を受け、暗殺されてしまいますが、それは皇室問題に本気で首を突っ込んだためです。それ以外、相手が陸軍であろうが誰であろうが、「原一強」です。シベリアへの出兵でロシア革命干渉戦争の真っ最中でも、原が参謀総長のクビを飛ばそうとするので、陸軍大臣が板挟みで病気になるほどです。

原一強の傍ら、第十四回総選挙では野党勢力が縮小します。まとまった議席数を獲得できたのは加藤高明を総裁とする憲政会の一一〇議席、犬養毅の国民党の二九議席だけで、寺内内閣の時に与党として作られた正交倶楽部などの会派の議席はひと桁です。小会派に転落した中立議員たちが合同し庚申《こうしん》倶楽部を立ち上げますが、それでも二十二人の小集団です。長年にわたり政党嫌いで通ってきた山縣有朋は、中立議員の取りまとめによる団体を組織して三党を鼎立《ていりつ》させることを構想しましたが、あえなく潰されました。

引き続き野党暮らしの憲政会が原一強の中で生き残ったのは、カネがあったからです。金は総裁の加藤が調達したので、政治資金は潤沢でした。

加藤高明は、東大法学部卒業後に郵便汽船三菱会社に入社し、イギリスへ留学して海運業を学んでいます。留学後は神戸支社の副支配人を務め、三菱創業者の岩崎《いわさき》弥太郎《やたろう》の長女春路《はるじ》と結婚しました。言うなれば、加藤は「三菱の婿殿」なのです。加藤は民間企業に勤めた後に外務省から政界に入った人ですが、外相時代に元老たちに嫌われてしまいます。加藤も加藤で頑固です。寺内内閣の時、宮中に天皇直属の臨時外交調査委員会が設置された時にも、参加の打診を断っています。

このため、加藤を総裁としておくと政権が回ってこないと、憲政会の幹部たちが集団指導体制の構築を企図します。庚申倶楽部から合同の打診があり、万年野党の状況を引っくり返そうという声が党内で高まったからです。しかし加藤は、幹部による会議の席上で、「総務制度が三人か五人かは知らないが、仮に自分がそのうちの一人になった場合には、自分は三分の一か、五分の一か、とにかく、その地位相応の尽力だけは致そうが、それ以上は堅く御免を蒙《こうむ》る」と言って、文字通り幹部たちを黙らせています（伊藤正徳編『加藤高明　下巻』加藤伯伝記編纂委員会、一九二九年）。こんな露骨な話が加藤の伝記に載っているのにも呆れますが、憲政会が長い野党暮らしに耐えられたのは、ひとえに「三菱のカネ」の賜物です。

政治学者の升《ます》味《み》準《じゅん》之《の》輔《すけ》先生は、一九二〇年代の政治の特徴として、会社経営者・新聞記者・弁護士など民間・財界からの政界進出も盛んになり、資金力のある代議士が政党の幹部になっていったことを挙げています（升味準之輔『日本政治史3　政党の凋落、総力戦体制』東京大学出版会、一九八八年）。「三井の政友会」は言いすぎのきらいがありますが、「三菱の憲政会」は事実であり、その後継の民政党になっても三菱との関係はそれなりでした。

加藤と原の違いは、外交においては加藤が対英ベッタリで原は対米追従、内政においては鉄道延伸に対して加藤が反対、原は推進です。加藤は外務大臣時代、鉄道国有化に反対して辞表を提出したことがあります。原にしてみれば所管外のことに口を出すなという話ですが、加藤としては三菱の利益に反するから反対しないわけにはいきません。

とにもかくにも、原が生きていた間、加藤憲政会は第二党に甘んじます。ただ、野党第一党の地位を守ったことで、運が開けてきます。

「憲政の常道」の萌芽を潰した政友会

大正十（一九二一）年に原が暗殺された後、次の内閣首班となったのは原内閣の大蔵大臣だった高橋是清です。高橋はこの経緯から、自動的に政友会総裁に就任することになります。第一党の総裁が総理大臣になるべきとするのが「憲政の常道」です。もっとも、この時は総理にふさわしい人を探して、後から総裁に仕立てたのですが。大正十年十一月十三日、原内閣の全閣僚を引き継いで高橋内閣が発足しました。暗殺による政変を認めないとの意味もあります。なお原暗殺は、在職中の首相死亡の最初の例です。

高橋は、大蔵大臣として非常に有能でした。明治末期の日露戦争当時は日銀副総裁として手腕を発揮し、昭和以降は不況乗り切りの名人でよく知られています。ところが総理総裁としては無能です。原を失った政友会は、それまで原の操縦で押さえられてきた内紛が噴出することとなります。高橋にこれをコントロールする腕力はなく、わずか半年で内閣は閣内不一致の分裂状態に陥ります。高橋を支持する総裁派が内閣改造で乗り切ろうとするのに対して、改造に反対して反総裁派の中心となったのが内務官僚出身の床次《とこなみ》竹《たけ》二郎《じろう》です。床次は、原が後継者として育てようとしていて、「政友会の嫡子《ちゃくし》」と言われていました。後継を育てきれないうちに原が暗殺されてしまったのですが、床次の後の行動を見ていると、本当に原の後継者として育ったかは疑問です。これはまた後でお話しします。

大正十一（一九二二）年六月六日、高橋内閣は総辞職しました。

高橋内閣は、勝手に内紛を起こして潰れました。「憲政の常道」に従えば、野党第一党の憲政会に政権を譲らなければいけません。憲政会総裁の加藤高明の内閣首班が当然です。当時から「加藤が後継首相になるのが当然だろう」との声もありました。憲政会周辺に。しかし、憲政会以外には広がりません。

山縣有朋亡き後に元老として後継首相奏薦の任を担っていた西園寺公望は、「加藤に国家を任せて大丈夫か?」と疑念を隠しません。そこで、「加藤に非ずんば加藤」という謎の妥協案が出てきます。原・高橋の両内閣の海軍大臣だった加藤友三郎《かとうともさぶろう》が断ったら、加藤高明もやむなしという方針です。

実は西園寺は、台湾総督の田健治郎《でんけんじろう》を内閣改造で入閣させ、第二次高橋内閣を作った後に総理総裁を田にスライドさせる根回しをしていました。ところが、工作があらかた進んだところで西園寺が病で寝ついてしまい、もう一人の元老の松方正義内大臣に摂政宮（後の昭和天皇）の御下問への奉答を丸投げしたところ、謎の妥協案での奉答となりました。友三郎海相は、実はこの時、既に病身です。友三郎自身は権力欲などない軍人人生だったのですが、何としても憲政会に政権を渡したくない政友会は、昨日までの同僚の友三郎に必死の工作やら懇願を行い、高明嫌いの官僚たちからもエールを送られます。かくして大正十一年六月十一日、余命いくばくもない加藤友三郎海軍大将に大命降下《たいめいこうか》し、翌十二日に内閣が発足します。

政友会としては、閣僚こそ出しませんが、政府に全面的な閣外協力をする姿勢です。「憲政の常道」の萌芽は、政友会自らが潰してしまいました。二大政党による政権交代どころか、政党内閣制そのものが後退しました。反対党に政権を渡したくない政友会の私利私欲で。政友会は、野党が共同提案した普通選挙法案にも反対に回ります。

確かに加藤自身も、大隈内閣の外務大臣時代に言い訳不能の失態があります。第一次世界大戦では元老をシャットアウトして外交方針を決め、対華二十一カ条では、日本の国際的な立場を危うくしてしまっています。「憲政の常道」を現代風に言えばデモクラシーですが、国家を運営できる二大政党でなければ政権を担わせることができないという建前で、憲政会内閣の芽は潰されたのです。

ようやく「憲政の常道」へ

加藤友三郎内閣は、原内閣以来積み残されていた軍事費削減や内政の課題を解決していきます。普通選挙については、法案否決と同時に衆議院議員選挙法調査会を設置して研究を進めました。憲政会は一貫して超然内閣が「憲政の常道」に反するとして、政権攻撃を続けます。

そうこうするうちに加藤友三郎首相の病状が急速に悪化し、大正十二（一九二三）年八月二十五日に、首相の病死による総辞職で政権の幕を閉じました。大命は同じ海軍の先輩である山本権兵衛に降下します。

山本の組閣は難航し、少数政党の革新倶楽部だけでは心もとないと、政友会と憲政会に政権への協力を要請します。希望する大臣ポストは入れ食い状態です。そんな状態で二大政党側は「どの大臣でもいい？　じゃあ総理大臣で」と言わんばかりです。

現代で記憶に新しいのは、平成二十一（二〇〇九）年当時、宮崎県知事だった東国原《ひがしこくばる》英夫《ひでお》氏が自民党の古賀《こが》誠《まこと》選対委員長に突きつけた条件です。衆院選出馬を打診された東国原氏は、「次の総裁候補として衆院選を戦うなら」と応じました。第二次山本内閣での協力を求められた時の高橋是清や加藤高明と交渉の仕方が同じです。もっとも高橋も加藤も東国原氏のような露骨な言い方をせず、「本来ならば首相の地位にあるのは自分のはず」という態度で臨むだけでしたが。

第二次山本内閣は、組閣の最中に関東大震災に見舞われ、大命降下の段階から災害対策に奔走します。復興予算を削りに削られて元老の逆鱗に触れたかと思えば、摂政宮裕仁《ひろひと》親王殿下の暗殺未遂という重大事件が起こり、大正十二年の年末に内閣総辞職となりました。後継の内閣首班として西園寺元老が奏薦したのは、清浦《きょうら》奎吾《けいご》です。清浦は山縣系官僚の一人で、政友会との提携が難航した末、貴族院から閣僚を揃えることとなりました。年明けの大正十三（一九二四）年一月七日に清浦内閣が成立します。

第三次桂内閣が退陣するに至った大正政変から十年あまり、「民衆を無視した政治をするな」という言論が定着しています。清浦内閣成立を機に、護憲運動が再び勃興することとなりました。清浦は全閣僚を貴族院議員で揃え、政友会を離党してきた床次竹二郎の政友本党を与党とします。総裁の高橋には何の指導力もなく、過半数の代議士が床次について脱党しました。清浦は少数ながら、衆議院第一党を準与党として船出します。

衆議院の多数党によらない内閣が三代も続き、「仏の顔も三度まで」との声が沸き上がります。第二次憲政擁護運動です。当時の三大政党は、高橋是清総裁の政友会、加藤高明総裁の憲政会、犬養毅を中心とする革新倶楽部です。この三党が「憲政の常道」を求めて運動を盛り上げていきます。

清浦内閣に対して、三派連合を組み倒閣運動を始めます。一月三十一日、清浦は衆議院を解散し、総選挙に突入します。解散時、政友本党は一四九議席を占める第一党です。出ていった方が多数派という珍しい例ですが、政治の数はいくらでも変わります。何より選挙に当選して帰ってこなければ、代議士は代議士ではないのです。後に自民党初代副総裁となる大《おお》野《の》伴睦《ばんぼく》は「猿は木から落ちても猿だが、代議士は選挙に落選したら代議士ではなくなる」との名言を残していますが、その通りです。ちなみにこの頃の大野は、東京市議会議員です。

大正十三年五月十日に施行された第十五回衆議院議員総選挙の結果は、政友本党が一一六議席に減らして第二党に転落します。野党の護憲三派は憲政会が一五一議席と躍進して衆議院第一党、政友会は一〇〇議席、革新倶楽部は三〇議席です。

第二次大隈内閣から昭和の大政翼賛会までの総選挙で、与党でありながら完全に負けた唯一の例がこの時です。かくして、第一党となった憲政会から、加藤高明を首班とする護憲三派内閣が成立します。

大正リベラリズムの旗手として世論を牽引した吉野《よしの》作造《さくぞう》や、政治・外交評論で健筆を誇ったジャーナリストの馬場《ばば》恒吾《つねご》などは、総選挙による政権交代が起きたことを快挙としています。「平民宰相」の原内閣成立の時も世論に歓迎されましたが、この時の護憲三派内閣成立は、さらに歓迎されました。

護憲三派の都合だけで導入された中選挙区制

二大政党が出そろって以降、この時以外は結果的に与党がすべて勝ちますが、第十五回総選挙は例外です。また、総選挙で与党が必ず勝つとは限らない、少なくとも当事者の代議士たちはそんな保証があるとは思っていなかった、との点を見落としていたら当時の政治史が分からなくなります。当時の政治家たちの本音は、「選挙の時は与党でいたい」「与党でも当選する保証はないのに、野党なんかもっと不安だ」なのです。

とにもかくにも、総選挙による政権交代は起きました。原敬が築いた大政友会は跡形もなく、憲政会が「苦節十年」の野党暮らしの末に政権を奪取しました。ただし、連立内閣です。護憲三派も、すべての主張が合致したわけではありません。

この時に合意できたのは、ただ一点。男子普通選挙導入だけです。

翌大正十四（一九二五）年三月に召集された第五十回帝国議会で、普通選挙法が成立しました。納税要件の撤廃により満二十五歳以上の男子に選挙権が認められ、有権者数は人口の二〇％に拡大します。同時に、選挙区割りも改められ、中選挙区制が採用されます。採用の理由は、護憲三派内閣なので小選挙区制は都合が悪いから、だけです。小選挙区制だと一つの選挙区から一人の候補者しか当選できませんから、護憲三派で候補者を調整しなければなりません。それに対して、中選挙区制だと複数の候補者が当選できます。だいたい、三人から五人です。これなら、護憲三派で候補者調整なんて、しなくて済みます。中選挙区制は人類が考えた最悪の選挙制度なのですが、何の正当な理論もなく、連立与党の都合と妥協だけで導入されました。大正末に導入されたこの愚かな制度は、一時的な例外はありますが昭和期を通じて続き、平成初頭にようやく葬り去ることができました。

俗に中選挙区制と言われますが、それ以前の一県一選挙区を大選挙区と称するのに対し、一つの県に複数の選挙区があるので中選挙区制です。

俗に言う中選挙区制は、厳密には「大選挙区単記非移譲式」です。一つの選挙区から複数の候補者が当選するのに、有権者は一人しか選べず（単記）、当選が確定した候補の余剰票や落選した候補者に投じられた票は死票としてよい（非移譲式）という制度です。これが、なぜ人類最悪の制度なのかは戦後編でじっくりお話ししますので、ここでは飛ばします。不思議なことに、戦前日本人はこの制度を意外に上手く使いこなしました。この制度で政権交代を繰り返し、二大政党制にまで持っていきました。平成の政治改革で二大政党制に持っていくためにむりやり小選挙区制を導入したのに、ものの見事に失敗した事例と比べると格段のリテラシーの高さです。

「憲政の常道」に阻まれた？　床次竹二郎の野望

加藤高明は、選挙法改正を達成すると行財政整理（今で言う行財政改革）を掲げますが、そもそも護憲三派は閥族を倒して政党内閣をつくり、男子普通選挙を通すまでは合意していますが他のことは政策が違います。三派連合が流動します。

革新倶楽部は政友会に合流して吸収され、政友会では高橋是清が引退します。政友会の新総裁は、原内閣で陸相を務めた田中義一《たなかぎいち》です。総裁になる時に、陸軍の機密費を持参金にしたと噂されました。新総裁の田中は、野党の政友本党と組んで「自分たちが多数派だ！」とばかりに加藤内閣の倒閣に乗り出します。加藤内閣の行財政整理に政友会出身閣僚が反対し、大正十四年（一九二五）七月末日、閣内不一致により総辞職しました。

ここで面白い動きをした人がいます。かつて「政友会の嫡子」と呼ばれた床次竹二郎です。護憲三派内閣が成立した第十五回総選挙で政友会を割り、多数派の政友本党で戦ったにもかかわらず衆議院第二党に沈んだことは既にお話ししました。今度は加藤内閣の総辞職を受け、政友会と提携した政友本党は政権奪取を狙います。唯一の元老となっていた西園寺は、そんな政変は認めません。再び加藤高明を首班に奏薦し、同年八月二日に憲政会単独内閣として再出発しました。西園寺は「いかに多数派であろうとも、陰謀による政変は認めない」

との姿勢を示しました。日本国憲法では大義名分があろうがなかろうが、多数派が内閣不信任案を出した時の政府が解散総選挙で応じない限りは、政権交代します。しかし戦前の考え方は異なり、「いかに多数派を形成して内閣を倒そうとしても政権移譲は認めない」だったのです。これは議員たちだけの投票で決めるのではなく、元老が首相奏薦権を持っていたので可能でした。西園寺の裁定で加藤首相は留任、少数内閣としてやり直します。

ところが翌大正十五（一九二六）年一月、加藤が議会開会中に病で倒れ、そのまま死去してしまいます。内相の若槻礼次郎が首相の臨時代理を務め、憲政会総裁も継ぎました。西園寺の奏薦により前内閣の閣僚を全員引き継いで第一次若槻内閣が成立します。さすがに、この時だけは野党もおとなしく政権移譲を認めました。人様の死に乗じて権力闘争など仕掛ければ、世間の評判を落としますから選挙に不利となります。それに若槻憲政会内閣は少数与党政権ですから、いくらでも倒閣のチャンスがあると見ているのです。

若槻は、野党の政友会・政友本党との三党鼎立で、政策は思うに任せません。西園寺元老には解散総選挙で政権運営の安定をはかるように言われますが、できません。理由は「金がないから」です。

議会では憲政会と政友会がスキャンダル合戦で泥仕合となりました。挙句の果てに、大阪の松島遊郭移転をめぐる収賄事件では、現職総理大臣の若槻にまで事情聴取が行われる事態となりました。加藤亡き後、三菱の支援は減り、資金集めが重要事となったのがこの頃の憲政会の実態です。

翌昭和二（一九二七）年一月からの議会では、野党から政府弾劾決議案が提出されて停会に追い込まれます。若槻は政友会の田中と政友本党の床次の両総裁と三党首会談を開き、議会運営の協力を求めることになりました。若槻は、議会を乗り切ったら辞職するとほのめかして妥協を取りつけます。実際には辞職などしなかったので、「嘘つき礼次郎」と猛反発を食らうこととなりますが。

議会を乗り切った後で若槻は床次を巻き込み、野党の政友本党との連携を確保します。「憲本連盟」です。

内外情勢は悪化の一途をたどり、また議会でも片岡《かたおか》直温《なおはる》蔵相の失言から銀行の取りつけ騒ぎとなったり、幣原《しではら》喜《き》重郎《じゅうろう》外相の外交方針に軟弱だと非難する声も盛り上がったり、政府批判が止まりません。政友本党が政府と提携する一方、政友会は枢密院を使って倒閣運動を始めます。ちょうど金融恐慌の煽りで破綻の危機に陥った台湾銀行の救済策を、議会運営に展望の開けない若槻が法律ではなく勅令で乗り切ろうとしていました。枢密院は内閣が奏請した勅令案を憲法違反として否決し、若槻内閣は即日総辞職します。ここでも、解散に打って出ても勝つ自信がなかったからです。国民に堂々と所信を訴えて支持を得る自信もなく、選挙資金にも事欠く。こんな人物、加藤が死ななければ、総理総裁には絶対になれない政治家でした。

　西園寺元老は後継内閣として、政友会の田中義一を首班として奏薦しました。若槻内閣は政策の失敗によって辞めたのだから、野党第一党に政権を渡すということです。憲政会と憲本連盟を結んでいた政友本党の床次は、野党のままです。

　結局、昭和二年六月一日、憲政会と政友本党は正式に合流し、立憲民政党の発足となりました。初代総裁は濱口雄幸です。床次が総裁にならなかったのは、憲政会の方が政友本党よりも議席が多かったこと、そして床次に力がなかったことが理由でしょう。

　この時点で政友会は少数与党です。立憲民政党は衆議院で絶対多数を持つ巨大野党です。若槻内閣末期の積み残し課題を整理した田中義一内閣は、昭和三（一九二八）年一月二十一日に解散し、二月二十日に第十六回衆議院議員総選挙が施行されました。普通選挙法の成立後、初めての総選挙です。結果は、政友会が二一八議席、民政党が二一六議席で二大政党が拮抗します。民政党は実質的勝利だと沸き上がります。数字では僅差で野党が負けましたが、総選挙をやれば与党が必ず勝つとは限らない証拠となる選挙です。

　過半数が取れなかった田中は小会派の取り込みだけでなく、なんと民政党から床次を引き抜きました。護憲三派で出ていった床次は、ぐるっと回って政友会に戻ってきました。田中は選挙によらない議会内の工作で議席差を広げていき、安定過半数を確保しました。平成期も選挙でギリギリの勝利を得た与党が野党の切り崩しをしていましたが、同じことです。そして、そんな汚い工作をした与党は次の選挙で負けるのも一緒です。

　それはさておき、田中内閣では大陸情勢への対応で出兵が行われ、国内は共産党員の一斉摘発が相次ぎました。不戦条約の批准問題や、鈴木喜三郎《すずききさぶろう》内務大臣の放言があり、田中内閣は揉めに揉めます。鈴木は、総選挙の時に「総理大臣は天皇陛下から任命されているのだから、総選挙で負けても退陣しなくてよい」と言い放ち、民政党と世論から激しく批判されて大臣をクビになっています。その他、閣僚が首相に反抗するたびに、田中は天皇を政治利用して解決を図ります。反感が広がりますが、いつのまにか衆議院で過半数を得ていた田中を誰も引きずりおろせません。

　決定的だったのは、昭和三年六月四日に大陸で関東軍が起こした張作霖《ちょうさくりん》爆殺事件の処理をめぐって、宮中の怒りを買ってしまったことです。田中は事件を起こした犯人を厳罰に処

表2-1　床次竹二郎、敗北の歴史

第十五回衆議院総選挙 1924年（大正13年）	×政友本党（床次）VS. ○憲政会＆政友会
加藤連立内閣崩壊 1926年（大正15年）	○憲政会（加藤首相）VS. ×政友会（田中）＆政友本党（床次）
→元老の西園寺公望が多数派工作による政権奪取を認めず、憲政会単独内閣へ。	
若槻内閣総辞職 1927年（昭和2年）	○政友会（田中）VS. ×憲本連盟（若槻首相＆床次）
→政策の失敗による辞職であるため野党第一党の政友会に政権交代。憲本連盟は民政党に合流するも床次は脱党し、政友会に移籍。	
田中内閣退陣 1929年（昭和4年）	○民政党（濱口）VS. ×政友会（田中首相＆床次）
→政策の失敗による辞職であるため野党第一党の民政党に政権交代。	

すことを西園寺元老と合意していたのですが、陸軍をはじめ閣内からの反対で翻したことで不信を買い、昭和四（一九二九）年七月二日に総辞職しました。

政策の失敗による退陣で、後継内閣は民政党の濱口雄幸が首班になります。田中内閣の退陣を受けて即日の奏薦、同日中の組閣完了とスピード成立しました。ちなみに政友会と組んだ床次は、またもや野党となりました。「憲政の常道」は、床次のようなウロウロと渡り歩いて怪しい動きをする者に政権を渡さないことによって成立したと言ってもよいのです。失意の床次は、政友会に復帰してチャンスを待ちます。

田中内閣による多数派工作で政友会系が過

半数となっていたので、濱口内閣成立時に民政党は少数与党です。濱口は、翌昭和五（一九三〇）年一月二十一日に議会を解散し、二月二十日に第十七回衆議院議員総選挙が施行されます。すると今度は民政党が二七三議席、政友会が一七四議席と引っくり返しました。

戦前は非民主的か――政友会と民政党による「憲政の常道」時代

戦後民主主義の立場からすると、総選挙の勝利による政権交代は一回だけで、他に例がなかったと言われます。その一回というのは、護憲三派内閣が成立した第十五回総選挙のことです。野党が選挙で与党に勝ち、加藤高明を首班として内閣が組織されたので、戦後的基準ではその一回だけが民主主義に見えます。

ところが、当時の「憲政の常道」は、与党が政権運営に失敗したら衆議院第二党に政権を明け渡し、第二党は政権を明け渡されても少数与党のため、一年以内に必ず総選挙をするというメカニズムが働きます。選挙による政権の選択と確定が民主主義だと言うのであれば、そのような選挙は現代でも滅多に見られませんし、むしろ政権の延命手段として使われています。

もっとも最近の例を挙げると、平成二十九（二〇一七）年十月二十二日に施行された第四十八回衆議院議員総選挙です。

自由民主党の安倍晋三元首相による政権は、七年八か月にわたって続いた長期政権です。なぜ長期政権になったかと言えば、好きな時に解散総選挙ができたからです。平成二十九年は第三次安倍内閣の時で、第四十八回衆議院議員総選挙は第三次改造内閣で臨みました。この時の国会は、森友《もりとも》・加計《かけ》学園問題で大騒ぎとなります。七月には内閣支持率が急落して不支持率が上回りました。国会で野党が政権批判を繰り広げる中、野党女性幹部に不倫スキャンダルが飛び出します。この時、安倍内閣は野党の支持率が下がった瞬間に解散し、与党議席を微減に抑えて政権延命に成功しました。

歴史学者の通説では、戦前は非民主的となっていますが、平成二十九年のような選挙を間近に見ている現代人が、ここまでお話ししてきた戦前の「憲政の常道」時代を見て非民主的と言えるものでしょうか。

戦前に話を戻します。

護憲三派内閣以来、党内を収めることのできた実力総裁は、三人です。三菱の金ですべてを抑え込み、十年の野党暮らしに耐えた加藤高明、陸軍の金を持参金に総裁の椅子を買い、その後も集金力のあった田中義一、大蔵官僚出身で資金力が抜群だった濱口雄幸です。政友会は、田中の集金力をもってしても、党内統制に苦労しました。なお、若槻礼次郎は見てきた通り、田中の後継となる犬養毅も派閥抗争が激しすぎて中間的な長老が総裁に担がれただけで、金集めが苦手だったので権力がありませんでした。

濱口は大命降下から半年間は看板政策の金解禁の準備に取り掛かり、金解禁を実行した直後に解散総選挙に打って出て大勝しました。衆議院四六四議席中二七四議席と絶対多数を得た濱口民政党内閣は、安定した政権運営を行います。濱口は原敬以来の実力総理総裁となりました。

濱口は実は、大蔵官僚時代は傍流のノンエリートです。東大法科大学政治学科を卒業して明治二十八（一八九五）年に大蔵省に入り、入省した年に文官高等試験に合格しているのですが、翌年から地方に飛ばされました。各地の税務管理局をはじめ十年近く地方勤務が続き、中央に戻った時には三十四歳でした。専売局で三年過ごし、専売局長官に就任します。

転機となったのは、第三次桂内閣の後藤新平逓信《ていしん》大臣の引きで逓信次官となったことです。この時の縁で、加藤高明のもと立憲同志会に参加します。大正三（一九一四）年の第二次大隈内閣成立で大蔵次官となり、大正四（一九一五）年の第十二回衆議院議員総選挙で在官中に立候補、当選を果たしました。次の第十三回総選挙で一度落選していますが、二年後に行われた補欠選挙で再び当選します。濱口は、政友会の代議士からも尊敬された、雄弁家です。若い頃は口下手で口数も少なかったそうですが、この落選中に行った全国遊説で鍛えられたと言います（浜口雄幸伝刊行会編『浜口雄幸伝』浜口雄幸伝刊行会、一九三一年）。濱口本人も回顧録で雄弁術についてまとまった考察を書いていて、「弁論には練習が最も大切」と、意識してかなりの練習をしたそうです（浜口雄幸『随感録』講談社、二〇一五年。初版は一九三一年）。『随感録』からは、濱口の謹厳実直な人柄がうかがえます。

官僚としての実務経験を積み、党人としての訓練を積んだ濱口は、「官僚の政党化」の典型例です。そして加藤高明の「苦節十年」の野党暮らしの中で、党人政治家として自ら修練します。

濱口の政治資金を支えたのは、鉄道官僚から鉄道会社の社長を歴任し、晩年に南満洲鉄道の総裁となった仙石貢《せんごくみつぐ》です。昭和六（一九三一）年十月に仙石が死去した時、私財を使い果たした上に莫大な借金が残ったとか（前掲、升味『日本政治史3　政党の凋落、総力戦体制』）。

ちなみに、濱口と同じ大蔵省出身で先輩の若槻は、明治二十五（一八九二）年に大蔵省入りすると、五年後には主税局で国税課長となり、明治三十七（一九〇四）年には主税局長、その二年後に大蔵次官になりました。その後、政府特派財政委員としてロンドンとパリへ派遣され、第二次桂内閣で呼び戻されると再び大蔵次官に就いています。東大法学部史上最高点で首席卒業したエリートです。明治四十四（一九一一）年には貴族院議員に勅選され、桂と行動をともにします。第三次桂内閣で蔵相に就任し、桂とともに政党組織を構想して同志会結成後は総務として支えました。濱口内閣が取り組んだロンドン海軍軍縮条約では、若槻が首席全権としてロンドン会議に出席します。

若槻には、ロンドン会議の時も渡航する船中で海軍の勉強をしていくと、現地に着いた時には英米の軍人よりも詳しくなっていたという逸話があります。総理大臣以外、何でもできた人です。重臣としても立派に務め、日米開戦に反対し続けました。言っていることも正しく、素晴らしい。完璧です。総理大臣だった時、以外は。

八年間にわたる「憲政の常道」

濱口内閣は戦前における、「憲政の常道」の金字塔とされます。濱口内閣は多くの懸案を手掛けましたが、中でもロンドン海軍軍縮条約の批准は、衆議院で激しい論争となりました。統帥権を盾に海軍が強硬に抵抗し、これを憲法問題の審査機関である枢密院が応援したからです。こうした抵抗への反論を学問が支え、選挙で獲得した絶対多数の議席を背景として通そうとします。特に論陣を張ったのが、東京帝国大学教授の美濃部《みのべ》達吉《たつきち》博士です。当時の公務員試験では美濃部説が通説です。美濃部の教科書の内容が模範解答とされました。美濃部説は「天皇に政治的失敗の責任を負わせないためには、選挙で選ばれた政党が内閣を組織し、二大政党が政権交代する慣例が確立すれば民意は反映され自浄作用が働く」との説を主導しました。この説は選挙と関係なく政権を独占したい官僚にとっては不都合でしたので、美濃部は嫌われていたのです。

ロンドン海軍軍縮条約批准の閣議決定直後の昭和五（一九三〇）年十一月十四日、濱口は暗殺未遂に見舞われます。東京駅で狙撃され、重傷を負いました。療養中に野党から強硬に登院を要求され、一旦はそれに応じて職務に復帰しますが、結局、健康状態の悪化により翌昭和六（一九三一）年四月十四日に総辞職となりました。辞職後も容態は悪化し続け、八月二十六日に死去しています。

瀕死の濱口が議会に登壇した時は、さすがに野党の政友会からも拍手喝采でした。しかし、質疑が始まるとネチネチとした質問と野次で首相を疲弊させ、快方に向かっていた濱口の病状が悪化します。そして総辞職、死亡に追い込みました。当時の政友会は世間から「人面獣心」と呆れられました。

濱口の遭難に、民政党内も動揺しました。そもそも、重傷を負った濱口が、なぜ議会に登壇しなければならなかったか。首相臨時代理の幣原喜重郎外相が「この条約は天皇陛下がお認めになった以上、憲法違反なわけがありません」などと大失言をしたからです。野党政友会は、「政府が自分で結んだ条約の責任を陛下に押しつける気か！」と怒り、幣原では話にならないと濱口が出ていく羽目になったのです。では、なぜ幣原が代理になったのか。当時の閣僚は「宮中席次」と言って、宮中での席次によって序列が決められていました。大臣は同格なので先任順とされ、首相の濱口を除けば幣原が一位でした。ただし、幣原は外務官僚で、民政党員ではありません。宮中序列なら別に幣原を外して党出身閣僚を据えればいいのですが、そうもいきません。民政党は官僚派と党人派の対立が激しく、濱口に力があったから抑えられていました。しかし、その濱口が身動きを取れなくなると、まとまりがなくなります。官僚派と党人派が暗闘の末に、幣原を代理に立てることで妥協したのですが、このザマだったというわけです。

この官僚派と党人派の対立は濱口後継問題でも尾を引き、結局は両者痛み分けの形で、元首相の若槻が濱口内閣のほとんどの閣僚を引き継ぎました。一部の閣僚が辞めたのは、病気で辞める大臣などもいたからです。

民政党の党人派の代表は、安達謙蔵《あだちけんぞう》内務大臣です。安達は「選挙の神様」と言われ、総選挙で二議席くらいしか誤差が出ないほど予測を的中させるような凄腕でした。第二次大隈内閣が政友会の多数を引っくり返した時に頭角を現し、その後は苦しい時代の憲政会の実務を担い、ついには護憲三派の勝利をもたらしました。田中義一内閣が大規模な選挙干渉を繰り広げた時もその事実を逆用して喧伝、野党なのに二議席差にまで迫り、「事実上の勝利」と称揚されました。安達の凄みは、与党の時はもちろん、野党の時でも粘り強く戦えることです。濱口内閣が総選挙で大勝した際も、陣頭指揮をとりました。前回の総選挙で鈴木喜三郎が露骨な選挙干渉で批判を浴びたのと違い、世論も味方につけていました。新聞に騒がれないよう、目立たないところで選挙干渉を行うのが、安達の手口でした。

官僚派が濱口の後継として押し立てたのが、井上準之助《いのうえじゅんのすけ》蔵相でした。井上は日銀総裁出身で、過去にも蔵相経験があります。自身が財界の世話役で、潤沢な資金力を擁していました。

こんな二人を両翼にかかえ、濱口は絶大な力を保持していたのですが、いかんせん実力者の個人技に依存しており、政党自身の組織としては前近代的でした。政党の語源は「Party」で、直訳すれば派閥です。イギリスで派閥がパーティーを開いて結束していたのが由来です。

この頃の民政党は、まだまだ「政治家個人の集まり」であって、組織は近代化されていなかったのです。そもそも民政党の前身の憲政会が、「三菱の婿殿の政治ごっこの道具」でしたから。

一方、野党第一党の政友会も似たり寄ったりでした。

政友会は、総裁だった田中義一が内閣総辞職の直後に急死した後、党内は三派に分かれています。最大派閥は検事総長出身の鈴木喜三郎の派閥で、田中のスポンサーだった新興財閥の久原房《くはらふさ》之助《のすけ》も独自の派閥を形成します。こうした動きに旧政友会系の岡崎《おかざき》邦輔《くにすけ》や小川《おがわ》平吉《へいきち》が発し、そこに出戻ってきた床次派が加わりました。大きく分けて三派閥ですが、下の方はもっと四分五裂しています。派閥抗争があまりにひどいので、総裁として担ぎ出されたのが長老の犬養毅です。

民政党も加藤死後は三菱以外にも資金源を求めていきましたが、政友会は独自のスポンサーを持つ実力政治家が派閥を形成していくのです。もっとも世間は「三井の政友会」「三菱の民政党」のイメージで見ていましたが。ちなみに、三大財閥のもう一つである住友は、唯一の元老となっていた西園寺公望べったりです。当時の住友財閥総帥の友《とも》純《いと》は、西園寺の実弟です。

政友会と民政党の二大政党が交互に政権を担当した八年間が「憲政の常道」の時代です。二大政党の政権交代の調停役が、西園寺です。ただ、だんだんと慣例が蓄積されていくうちに、元老の役割は不要ではないかと思われるようになり、西園寺自身もそれを望んでいるような節がありました。

大日本帝国は滅びるはずのない国だった

相も変わらぬスキャンダル合戦と仁義も手加減もない手段を選ばぬ政争を繰り返す一方、二大政党は政権担当の意思と能力が育ち、官僚出身者以外の政策に通じた政治家も育ってきました。後に「反軍演説」で知られる民政党の斎藤隆夫《さいとうたかお》や、「腹切り問答」で廣田弘毅《ひろたこうき》内閣を退陣に追いやる政友会の浜田《はまだ》国松《くにまつ》らは、この時代が中堅どころです。彼らは、入閣までもう少しでした。もし、もう十年「憲政の常道」を続けていたら、日本はイギリスのような国になっていたでしょう。大日本帝国が健在なら、第二次世界大戦も第一次世界大戦と同じように単なる欧州大戦で済んだかもしれません。

帝国憲法を作った伊藤博文たちの世代は、イギリスは真似しようとしてもできないお手本の国でした。大隈重信はごく初期にイギリス式の政党内閣を主張しましたし、桂太郎の新党もイギリスのような二大政党制を目指しました。

イギリスの二大政党制は、マグナ・カルタから数えて六百年、控えめに数えれば少なくとも二百年かけて確立したものです。日本は大日本帝国憲法の発布から、護憲三派内閣の成立までわずか三十五年です。幕末の黒船来航から数えてもおよそ七十年しか経っていないのです。イギリスが何百年もかけて確立したことを、五十年ほどで実現しようとしていたので、いろいろな無理が出ました。

それでも弁護士出身でアメリカ帰りの斎藤などは、法制局長官も務めています。今では内閣法制局長官と言えば、今では政官界で「日本国の法令のすべてに目を光らせている」と目され、官僚の中の官僚が就くポストと思われています。しかし、「憲政の常道」時代は、政友・民政両党とも、政治家を長官に送り込んでいました。田中内閣以降の長官は代議士の指定席です。「官僚の政党化」に続いて、「政党の官僚化」も進んだ時期です。選挙で選ばれた党人代議士が政策能力を身に着けていく時期なのです。

この時代の日本は日露戦争に勝って大国になっており、安全保障では盤石です。現代の日本の安全保障環境と比べてみても、比較にならないほど安定しています。大日本帝国は、余程の無茶をしない限り滅びようのない国でした。「余程の」と言うのは、ソ連の片手間に中国で延々と終わらない鬼ごっこをして、イギリスに喧嘩を売り、ついでにアメリカにも喧嘩を売るくらいの無茶のことです。

原敬や加藤の時代は、対英米協調か対米英協調かの違いはありましたが、基本的には政友会も民政党もイギリスやアメリカとの協調という方針は変わりません。「憲政の常道」においては、ソ連も含めた、米英ソという周辺三大国との協調は、二大政党の共通した外交方針です。両党の違いは、小国にすぎない中国を相手に、どれくらいの頻度で軍事介入をするのかという点だけです。

当時の日本の安全保障環境を現代に例えるなら、J・F・ケネディ大統領時代のアメリカのようなものです。ケネディ時代、キューバ危機がありました。当時のアメリカにとってのキューバと、大日本帝国にとっての中華民国は同じです。大国が援助しているのも同様ですが、果たしてキューバ危機の時にアメリカが滅ぶ流れになるのかと言えば、そんなことはないのです。

アメリカがキューバ問題で滅びやしないのと同様、大日本帝国も中国問題などで滅びるはずがない国だったのです。

経済政策の誤りが亡国への道

昭和初期の段階でも滅びようのない国だった日本が滅んだのは、決定的な政策の誤りがあったからです。誤ったのは、経済政策です。

「憲政の常道」時代を通じて、与野党がスキャンダルの暴露合戦をやりました。民衆は呆れ返ります。だからと言って、民衆は政治家の汚職で民主政治を捨てようとは思いません。民主政治であろうと独裁政治であろうと、腐敗や汚職が起きることに変わりはありません。政治というのは、そういうものです。

では、民衆が汚職に怒るのはどういう時なのか。自分の生活が苦しい時です。

経済が非常に好調だった例は、戦後の池田《いけだ》勇人《はやと》内閣です。昭和三十五（一九六〇）年七月十九日に第一次池田内閣が成立してから、昭和三十九（一九六四）年十一月九日に退陣するまで三次にわたる内閣を組織しました。池田は「所得倍増計画」を掲げ、日本は高度経済成長期に突入します。この時期、池田内閣で大きな疑獄事件はありません。後継の佐藤《さとう》栄作《えいさく》内閣では黒い霧事件がありますが、ちょうど高度経済成長の谷間の証券不況の時期でした。

戦後の池田内閣、佐藤内閣の例を見れば一目瞭然で、二大政党が腐敗していたから「憲政の常道」が見捨てられたのではなく、政党政治の否定が支持されたのは経済失政によるのです。「憲政の常道」の当時は、日本経済はデフレ期です。一九一四年から四年間にわたる第一次世界大戦では欧州各国が総動員体制となり、各地が焼け野原となります。日本は戦火にまみれることなく、経済は戦争特需を享受しました。一種のバブル経済です。戦後の一九二〇年代にかけては、日本経済は景気後退と物価が下落するデフレ局面にあったのです。

議会での経済財政政策に関する論戦の軸となったのは、不良債権問題です。大正十二（一九二三）年の関東大震災を受けて、民間企業・商店の救済を目的とした震災手形の処理をめぐり、議会は紛糾しました。震災を原因とするものだけでなく、第一次世界大戦後の経営不振を原因とする手形も含まれ、大量の震災手形が乱発された状態となったからです。関東大震災の収拾にあたった山本内閣で、企業の支払い猶予や震災手形発行を決めた時の蔵相は、井上準之助です。

濱口内閣で再び蔵相を務めた井上は、不良債権と破綻企業の処理・緊縮財政・物価引下げを打ち出します。この実現のために不可欠とされたのが金本位制への復帰です。

昭和五（一九三〇）年一月十一日、濱口内閣が金輸出解禁（金解禁）を行います。第一次世界大戦で欧米諸国が金輸出を禁止し、日本も大正六（一九一七）年以後は金輸出を禁止していました。第一次世界大戦が終わると、国際会議では金本位制への復帰が世界経済再建の方針として採択され、欧州各国は続々と金本位制に復帰していました。

濱口内閣の経済財政政策は、後継の第二次若槻内閣でも継続します。担当する蔵相は、引き続き井上準之助です。この間にデフレは加速し、金解禁前は一％ちょっとの物価下落幅が続いていたものが、一気に一〇％を超える急激なデフレが進行します（岩田規久男編著『昭和恐慌の研究』東洋経済新報社、二〇〇四年）。そこへ世界恐慌がやってきました。じわじわと悪化してきた国民生活は、農村を中心に大打撃を受けます。不況に乗じて共産主義や社会主義の言説が横行し、一方で軍将校らがクーデターを計画するなど社会不安が広がります。国民の経済的な困窮は、政党内閣や議会への不信に向かったのです。

政治家の自滅が「憲政の常道」の終焉を招く

こうした世情の中、昭和六（一九三一）年九月十八日、満洲事変が起こりました。大陸での軍事行動と絡めて、戦前の陸軍が政党政治を潰したとよく言われます。実際には政治家たちの自滅です。

満洲事変の勃発で、民政党・政友会ともに協力内閣運動が起こりました。今風に言えば、大連立を作ろうとしたのです。危機を目の前にすると、よく耳にする話です。最近の例では、平成二十三（二〇一一）年三月十一日に東日本大震災が起こると、当時与党だった民主党の菅直人《かんなおと》内閣から、野党第一党の自民党に対して入閣要請が出され、自民党内でも大激論になったことがあります。

政策の方向性が異なる二党が大連立を組んでも仕方がありません。議会で多数を持っているなら必要もないのですが、満洲事変が起きた時には民政党の安達謙蔵内相が協力内閣を言い出しました。安達の目論見は、外交財政政策の転換です。特に金解禁を止めさせたかったのです。

安達の協力内閣運動に対して、井上蔵相は反対します。「議会で多数を持っているのに、野党と組んで、その後の政策はどうやってまとめるのか」との正論を突きつけます。安達は経済政策だけ正論で、後は政権争奪の陰謀です。井上は経済政策以外が正論です。

結局、閣内不一致で若槻内閣は総辞職となりました。後継首班となったのは、政友会の犬養毅でした。犬養は連立案を退け、政友会単独内閣で臨みます。

下野した井上は、党で総選挙の準備に当たっていましたが、昭和七（一九三二）年二月九日に暗殺されてしまいます。先の「協力内閣」運動の結果、若槻内閣が総辞職したので、安達は民政党にはいられなくなります。安達は、国民同盟という少数政党を結成することとなります。国民同盟は「時流に乗った陸軍に媚びへつらうのだけが政策」のような党でした。しかし、「選挙の神様」に去られたのに引き続き、絶大な資金力を誇る井上の暗殺で、民政党には実力政治家がいなくなります。総選挙では一〇〇議席以上を減らす大敗を喫していました。

一月二十一日に犬養は衆議院を解散、二月二十日に施行された第十八回衆議院議員総選挙で政友会は三〇〇議席を超える空前の大勝です。支持された最大の理由は、蔵相に起用した高橋是清が金解禁を就任即日に止め、景気が突如として回復軌道に戻っていたからです。

では、その政友会に力があったかと言うと、総裁の犬養は三大派閥のバランスの上に乗っているだけです。それどころか肝心の世論は二大政党に愛想をつかしており、満洲で華々しい戦果をあげる陸軍こそが世の中の閉塞感を打ち破ってくれると支持します。

そして、五・一五事件で、現職首相の犬養毅が殺害されました。

暗殺や陰謀での政変を認めない「憲政の常道」の慣例からすると、犬養の暗殺により、本来であれば政友会の後継総裁が政権首班として奏薦されます。特にこの時は、同年の選挙で政友会が三〇〇議席超の絶対多数を取っています。ところが犬養の後任総裁は、よりにもよって鈴木喜三郎でした。政友会は何を血迷ったか、この期に及んで内輪の派閥の論理で鈴木を選びました。
西園寺は、政党内閣の閣僚でありながら天皇の権威を騙《かた》り、選挙を否定するような放言をした前科のある鈴木を退け、海軍大将の齋藤《さいとう》実《まこと》を奏薦します。「憲政の常道」を諦めることとなりました。この後の夏、西園寺は「もう元老を辞めたい」とまで言い出します。この時点で八十四歳の老人の無気力を責めても仕方がありませんが、無責任にもほどがあります。しかし、もっとも責任を問われるべきは、国民に呆れられるような政治をした二大政党でしょう。

「憲政の常道」では、与党が政策的に失敗すると第二党に政権が渡ります。そこで一年以内の総選挙が行われますが、首相の病死や暗殺で総辞職した時には与党の後継総裁が次の内閣を組織します。では、選挙そのもので政権が交代しない「憲政の常道」時代、どのように政権交代が起こるかと言うと、野党の側の第二党が官僚と組み、引きずりおろすのです。野党が政友会でも民政党でも同じです。たとえば、政友会の田中義一内閣の時は、鈴木喜三郎の放言をめぐって民政党が激しい政府攻撃を繰り広げました。田中内閣が総辞職する直接のきっかけとなったのは、張作霖爆殺事件の首謀者処分についての食言を昭和天皇に叱責されたことですが、叱責に至ったのは宮中官僚が天皇を政治利用したからです。貴族院も田中内閣に対して問責決議を出したり、予算と予算関連法以外の法案を否決して議会を通さなかったりと、政争に加担しているのです。

　政権を引きずりおろす時の勢力としては、マスコミもあります。スキャンダルと政変は、マスコミにとって売れる記事です。煽り倒せば新聞が売れる、そのスキャンダルの最たるものが満洲事変でした。政府が腐敗した政争に明け暮れて生活の困窮は悪化の一途という中で、生意気なチャイニーズを陸軍の清廉潔白な軍人さんが叩きのめしてくれて、その上に満洲国が事実上、日本のものになるわけです。現代では、そうやって領土を増やすことはできなくなりましたが、当時は海外領が認められていた時代です。満洲事変は現代で言うと、北朝鮮を潰して傀儡《かいらい》国家にしたようなものでしょうか。

　満洲事変を多くの民衆が歓迎したのは、結局のところ経済政策の失政が招いた政治不信の延長に原因があるのです。「憲政の常道」の終焉はいろいろな理由が言われますが、実はたったそれだけのことなのです。〝たった、それだけ〟が国家を傾ける致命傷となったことが重要です。

　大日本帝国は、昭和初期に経済政策を間違えなければ、滅びなかったでしょう。たかが経済、されど経済なのです。

確立されなかった「憲政の常道」

五・一五事件で犬養毅が暗殺された後、日本が戦争で負ける昭和二十年までの十三年間で十三代の内閣ができます。この間、政党には政権がめぐってきません。それまでの「憲政の常道」の時代における二大政党は政権から排除されていき、衆議院そのものが野党のような状態になります。

犬養内閣の後継となった齋藤実内閣が成立した時、議会は第十八回総選挙の結果のまま、政友会が多数を持つ第一党です。四六六議席中、政友会が三〇一議席を占め、民政党は一四六議席を持っています。首相の齋藤は、どこにも地盤を持っていない人です。ところが、すぐに終わるだろうと思われた齋藤内閣は、丸々二年も続きました。政友会から三人、民政党から二人が入閣しています。

政友会の鈴木総裁は、齋藤内閣成立当初は政府に協力する代わりに次期政権の授受を約束させることを目指しました（前掲、升味『日本政治史3』）。これが頓挫すると、政友会の中は分裂含みとなります。総裁の鈴木に政権が回ってくるか分からず、反鈴木派が民政党の一派と組んで「ポスト齋藤」を狙って策動します。鈴木は倒閣に踏み込むこともできず、かと言って政府に協力もできず、三〇〇超の議席を持ちながら何もできません。なぜなら、明確に野党の立場を取れば反鈴木派が離脱してしまうかもしれませんし、齋藤首相が議会を解散したら総選挙で議席を減らしてしまうかもしれないからです。

政府に対して、協力の見返りに政権授受を要求した原敬の時代と大きく異なるのは、地盤を持っている政党が政友会だけではないことです。対等の地盤を持つ民政党がいるため、世論の支持を失ったら今の議席数は保証されない状況です。民政党も事情は同じで、濱口内閣は世論の支持で二七〇議席を得て、次の選挙では世論の支持を失い一四〇議席まで減らすという議席数の大変動を経験しています。しかも、齋藤内閣が成立した当時は、世論が二大政党そのものを見限って軍を応援しているのです。民衆が大好きな軍の悪口を言ったら、落選してしまいます。もっとも、軍と言っても一つの塊ではなく、陸軍は海軍の齋藤には敵対的ですし、その陸軍にしても一枚岩ではなかったのですが。

この間、政友会は最大議席の与党のはずですが、齋藤内閣の政策に鈴木総裁は何も口出しできません。仮に口を出しても、齋藤から「では衆議院を解散して民意を聞いてみましょうか。私はいつまでも政権に執着する気はありませんので」と脅されれば、引き下がるしかありません。野党で選挙を戦えば、三〇〇の議席など雲散霧消すると怯えていたからです。かつての原敬は藩閥に何を脅されようが、地盤を切り崩されなければ次の総選挙で取り返せると確信していました。あるいは大隈重信のように民衆の人気に絶対の自信を持っていたら、「首相が解散するぞ」と脅してきたら渡りに船です。しかし鈴木は、どちらでもありませんでしたから、何も言えないのです。まるで宮廷工作のように、枢密院や検察などの官僚機構と連携して内閣を揺さぶるだけでした。ちなみに鈴木は陸軍には相手にされていません。

検察は齋藤内閣に権力闘争を仕掛け、帝人事件で退陣に追い込みます。帝人事件は、起訴された十六人名の被告が全員無罪となった疑獄事件で、裁判所の判決が出たのは昭和十二（一九三七）年です。しかし、それは後の話。

この時点では、検察や枢密院を地盤とする平沼《ひらぬま》騏《き》一郎《いちろう》が仕掛けた倒閣運動に齋藤が負けた格好です。

天皇機関説事件で「憲政の常道」の理論的根拠を否定

齋藤内閣の退陣後、昭和九（一九三四）年七月八日、再び海軍大将の岡田《おかだ》啓介《けいすけ》が組閣します。元老の西園寺は、平沼に政権を渡すものかと死守します。

その岡田内閣の時に天皇機関説事件が起こりました。天皇機関説は、大日本帝国憲法のもとでの政党内閣、つまり「憲政の常道」の理論的根拠だった憲法学説です。戦前の憲法学の変遷と、戦後の憲法学との比較は、小著『東大法学部という洗脳』（ビジネス社、二〇一九年）にまとめておきました。

天皇機関説事件は、学説を打ち立てた憲法学者の美濃部達吉博士を議会で名指しし、「天皇を機関と言うとはけしからん」と非難を加えたことが発端です。美濃部博士の学説は当時の通説として、官僚になる人たちがみんな大学で勉強する教科書になっていました。最終的には議会だけでなく検察が取り扱う案件となり、美濃部博士の教科書や研究書は発禁処分を受けるに至ります。大学で使われる冊子、他の研究者が美濃部博士の学説を引いた関連する学術書までリストアップして排除したのです。

天皇機関説事件は軍や右翼の攻撃が主に言われますが、この事件を倒閣に利用したのが政友会総裁の鈴木喜三郎でした。政党の総裁自ら、自身らが内閣を構成する根拠を否定する愚挙です。なぜこういう人間を総裁にしたのかは、歴史の謎としか言いようがありません。

民間の右翼・国粋主義勢力、軍、在郷軍人会などの団体に議会では政友会が乗っかった事件を、二度にわたる国体明徴声明を出すことで何とか乗り切った岡田内閣は、議会を解散し総選挙を行います。昭和十一（一九三六）年二月二十日に施行された第十九回衆議院議員総選挙は、民政党が二〇五議席獲得で第一党となりました。政友会は三〇〇超議席から一七五議席に減らしました。ついでに言うと、総裁の鈴木までが落選してしまいました。

　この選挙の直後に起きたのが二・二六事件です。高橋是清蔵相が殺害され、三日間にわたる首相官邸の占拠で岡田首相も一時安否不明となります。事件終了後に岡田内閣は総辞職し、後継首班には岡田内閣で外務大臣を務めた廣田弘毅が奏薦されました。西園寺元老は、この時に近衛《このえ》文麿《ふみまろ》を政権に付けようとしますが、近衛は拝辞してしまい、「ソ連通」と評判のあった外交官出身の廣田が推されて組閣します。

　この後もずっと、議会の多数は第一党が民政党、第二党が政友会です。政友会は、明治三十三（一九〇〇）年の結党から昭和七（一九三二）年の五・一五事件までの三十二年間のうち、二十五年間与党にいます。その後、昭和七年から昭和十七（一九四二）年の任期満了解散で翼賛選挙が行われるまでの十年間は、民政党が第一党を維持します。

　両政党がそれぞれ与党として議会を占めた期間で見ると、戦前の二大政党は「憲政の常道」時代の八年間こそ対等に見えますし、一九二四年から四〇年の十六年間では民政党が十年間、第一党です。政友会が第一党なのは六年です。ただし、民政党十年のうち、四年は衆議院そのものが力をなくしている時期でした。

　それでも廣田内閣の末期、昭和十二（一九三七）年の時点では、衆議院はまだ勢力がありました。この内閣には、民政党・政友会ともに閣僚を出しています。さらに一月二十一日に行われた衆議院本会議での所信表明演説に際し、廣田内閣が総辞職に至る直接原因となった「腹切り問答」が起こります。政友会の浜田国松議員が陸軍大臣に対して、「憲政の常道」や政党に対する軍の見方を糾し、一君万民の精神に反すると批判しました。軍人を侮蔑した、していないの応酬で、紛糾した議会が二日間の停会に追い込まれます。陸軍大臣の寺内《てらうち》寿一《ひさいち》が「軍を侮辱する言辞があった」と言い出し、浜田が「議事録を調べて侮辱する言辞があったら割腹して謝罪する。なければ君が死ぬか？」と詰め寄り、議場は騒然。寺内は衆院解散を要求し、政党から入閣している閣僚が辞任の意向を見せると、廣田弘毅首相は政権運営の見通しが立たないとして閣内不一致で総辞職に至ります。

政党の自己否定と瓦解

後継内閣は、予備役陸軍大将の林《はやし》銑十郎《せんじゅうろう》が組閣します。林内閣では、多くの法案が衆議院の抵抗で通らない中、首相が平身低頭の末に大軍拡予算が成立したところでいきなり解散したので、「食い逃げ解散」と言われました。

この解散を受け、昭和十二（一九三七）年四月三十日に施行された第二十回衆議院議員総選挙でも、議会の構成はほとんど変わりません。民政党が一七九議席で第一党、政友会が一七五議席で第二党です。民政党は三〇議席近く減らす結果となっていますが、まだまだ二大政党が圧倒的な勢力です。ただ、この時に民政党が減らした三〇議席は、戦後にまで影響します。当時の人はその意味に気づきようがなかったのですが、これはまた後でお話しします。

問題は、林内閣の後です。後継の首班となったのは、軍・官僚・政党のいずれにも属さないと見なされたゆえにすべての勢力から好意的に迎えられ、時局収拾を期待された近衛文麿です。近衛をあえて分類するなら、「貴族」です。公爵で貴族院議長も務めていました。

昭和十二年六月四日に第一次近衛内閣が成立して間もない七月七日、大陸で盧溝橋《ろこうきょう》事件が起こります。この事件の収拾がつかなくなり、支那事変が続く中で民政党も政友会も発言権をどんどん失っていきます。

この時の民政党の総裁は町田忠治《まちだちゅうじ》。ダラ幹の典型です。ダラダラした幹部なので、ダラ幹です。井上準之助や安達謙蔵が健在なら、絶対に総裁になれない無力で愚鈍な人物です。歴代内閣で政府に媚びておこぼれをもらうのに血道をあげていた御仁で、何の経綸《けいりん》もありません。あえて言うなら、町田が総裁に居座ることで、党内の改革派の声を圧殺する役割を果たしていました。

ところで読者の皆様に断っておきますが、私はここで立憲民政党の話をしているのであって、立憲民主党の話と混同しないようにご注意をお願いします。

政友会はもっと悲惨です。総裁の鈴木が落選してから、派閥抗争が激しすぎて後継が決められません。陸軍に媚びて権力を拡充しようとする久原房之助に対し、自由主義を守ろうとする一握りの良識派が対抗していました。その良識派自由主義者の象徴が、鳩山一郎です。鳩山は当時から腐敗した汚職政治家で権力亡者とみなされていました。その手のスキャンダルにも見舞われています。しかし、当時の政友会には他にめぼしい人がいなかったのです。それでも若い鳩山では久原に対抗できないとして、鳩山派は中島《なかじま》知久平《ちくへい》を担ぎ上げました。ここに衆議院第二党政友会は久原派と中島派に分裂状態となります。そして中島は軍需産業の中島飛行機のオーナーなので、久原に輪をかけた親軍姿勢で、あっというまに鳩山とケンカを始めてしまいます。

ただ、腐っても二大政党。衆議院の権限自体は、何も変わっていません。いかなる内閣も、衆議院に拒否されたら予算も法律も通せないのです。

昭和期は、陸軍が気に入らない内閣をしょっちゅう潰しまわったと言われます。一面では間違いではないのですが、では潰した後に組織された内閣が維持できるかと言うと、潰し返されて短命です。陸軍がさんざんに横暴を尽くした廣田内閣に代わり、林陸軍大将が内閣を組織しましたが、わずか四か月で民政党と政友会に潰されました。二大政党に対して米つきバッタのように頭を下げ続け、予算が可決された瞬間に「懲罰だ！」などと衆議院を解散しましたが、どこにも林の与党は現れません。一応、政府支持の小会派はいましたが、物の数ではありません。二大政党が幹事長会談を開き、内閣不信任決議を出す合意をしたら退陣に追い込まれました。当時は今の憲法と違って衆議院は内閣を不信任する権限がなく、単なる決議、意思表明です。でも、衆議院に忌避されたら法律は何も通りませんし、既に総選挙で敗北した内閣の居座りに世間が怒っていました。総選挙で敗れた林に選択肢はありませんでした。

第一次近衛内閣では、戦時体制が整えられる一方、外交方針は安定しません。軍の内部でいろいろな思惑が衝突し、複数の和平工作、支那事変を背景に分裂した大陸政策、欧米諸国との関係の方針対立の狭間で、一貫して進むのは経済や国民生活を統制する下準備だけです。近衛は政権を投げ出してしまいます。この間、民政・政友の二大政党は、軽量大臣の椅子を一つずつもらって、内閣に協力するだけでした。

第一次近衛内閣が総辞職すると、昭和十四（一九三九）年一月から翌昭和十五（一九四〇）

年七月まで、検察出身の平沼騏一郎内閣、予備陸軍大将の阿部《あべ》信行《のぶゆき》内閣、海軍大将の米内《よない》光《みつ》政《まさ》内閣と三代の内閣が続きますが、いずれも半年ほどの短命政権に終わります。この間も、民政党と政友会は議会の多数を占めながら、何もできません。平沼内閣以降、政務次官ポストは二大政党が占めていますが、重要な大臣ポストはもらえません。なお、政党内閣時代から陸海軍の政務次官は重要な文書を見せてもらっていませんが、この当時は当然ながら蚊帳の外です。

　阿部内閣が成立して間もなく、欧州ではイギリスとフランスが対独宣戦布告を行い、第二次世界大戦が勃発しました。相変わらず支那事変は片づきません。阿部首相は民政党総裁の町田忠治を内閣に抱き込む工作を試みますが、失敗します。元々、陸軍からも軽量内閣と見られた阿部内閣に対しては、民政党と政友会に加え社会大衆党の有志二四〇人が内閣総辞職を求める決議文を突きつけました。阿部は退陣に至ります。

　民政党は一枚かんで阿部内閣を潰し、対抗するために成立した米内光政海軍大将の内閣で久しぶりに重要閣僚の蔵相を得ました。

　この内閣で、民政党のみならず当時の議会政治家全体の良心とも言うべき斎藤隆夫が、一時間半に及ぶ大演説を行います。

その要旨は、「この戦争は何のためにやっているのか？　どうやったら勝ちなのか？　雲をつかむような曖昧な話ではなく、具体的に示せ。国民は黙って耐えて政府に協力しているが、我慢の限界だぞ」です。

支那事変の最中にこんなことを言えば、ヒステリックな世論を敵に回すに決まっています。

「聖戦を冒涜する気か！」と代議士たちが、いきりたちます。

むしろ陸軍の方が「斎藤代議士ならあれくらい言うだろ。むしろ本質をついている」と感心したほどでしたが、その陸軍に忖度し世論に迎合して生きている政治家たちは、そうはいきません。少数の人たちは斎藤を守ろうとしましたが多勢に無勢。政友会などは、率先して斎藤の除名を求めて懲罰委員会開催を主張します。身内のはずの民政党内は、斎藤の党離脱と演説の速記録の一部削除を要求します。民政党総裁の町田は唯々《いい》諾々《だくだく》と斎藤の議会からの除名を受け容れました。

一応、町田の言い分は「せっかく米内内閣をこしらえて久しぶりに主要閣僚の蔵相を得たのに、何ということをするのか」です。町田からしたら、斎藤は「現実」を知らぬ者だったのでしょう。しかし、町田の方こそ「現状」しか見ていないのです。

昭和十五年は、新党運動が盛り上がった時期です。民政党では、親陸軍の立場で政権に便乗しようとする派と、現状維持派で対立し、町田はその中間で両方にいい顔をしていました。政友会は久原派と中島派の対立が激化して事実上の分裂状態、鳩山派は逼塞《ひっそく》しています。両党とも、多数派は何としても権力にありつくことしか考えていません。

新党の党首と目されたのは、元首相の近衛文麿です。近衛は二大政党の状況を観察し、もはや政党の仕組みそのものに疑念を持ちます。そして、新体制運動を始めました。問題は、既成政党の腐敗と無能はその通りとしても、代わる新体制とは何なのか近衛もそのブレーンも、誰も理解していないことでした。泥沼化する支那事変と戦費を賄うために犠牲にされた国民経済の中で、近衛に現状打開の期待が寄せられたのですが、当の近衛が何をどうしたらよいか分かっていなかったのです。そして、「とにかく既成政党はすべて解散せよ」との流れだけが出来上がりました。

昭和十五年七月十六日、米内内閣が総辞職に至り、次の首班に推挙されると近衛はこれを受け、七月二十二日、第二次近衛内閣が成立しました。政権成立の前後の時期に政党が次々と解党していきます。民政党や政友会からも派閥ごとに刃こぼれするように離脱者が増え、解党に反対する人たちを置き去りに、解党の流れは止まりません。まさに「馬糞の川流れ」です。

八月十五日の民政党解党を最後に、日本から政党が消滅します。どこにも野党が存在しなくなりました。近衛は「民政党くらいは残ると思ったけど」と、無責任につぶやくだけでした。近衛文麿は、非常に強い首相でした。世論の高い支持があったからです。第一次内閣当時からの近衛人気については、日本近現代史や歴史社会学がご専門の筒井《つつい》清忠《きよただ》帝京大学文学部長が著作の中で分析しています。近衛人気の高揚には、近衛の出自や素養を材料としたメディアの広報効果が大きく、中・上流層の女性やインテリ層のほか広く大衆一般からも人気を博したと言います（筒井清忠『戦前日本のポピュリズム　日米戦争への道』中公新書、二〇一八年）。

世論には、二重の意味があります。国民世論と、政官界の中の世論です。単純に国民人気が高いだけではなく、権力者のサークル内の世論の双方に支えられていた近衛は、支那事変に対して強硬姿勢を繰り返します。両方の世論が「暴《ぼう》支《し》膺《よう》懲《ちょう》」と言えば、誰も逆らえないのです。

支那事変の時の世論は、完全に暴走していました。町には「自粛警察」が跋扈《ばっこ》しています。新体制にふさわしい「新しき国民生活」を要求する強烈な同調圧力がかかります。当時も、「贅沢は敵だ」とか「パーマネントはやめましょう」のようなスローガンを「他者に身近で強制する人々が現れる自粛時代」です（筒井清忠「コロナ禍でまたぞろ忍び寄る〝日本型ポピュリズム〟の影」『Wedge』二〇二一年一月号）。

民衆があげた声を、近衛内閣が政策にします。その声の正体は、マスコミ報道であり、庶民感情であって、政策に責任を負う政治的な中心を持ちません。

第一次近衛内閣の成立前、こうした世論の力を冷静に観察していた人がいます。現在の日本国憲法を正当化する戦後憲法学を打ち立てた宮澤《みやざわ》俊義《としよし》です。廣田内閣に対する時事評論特集に寄せた論稿で、次のように書いていました。

> 膨大な予算といひ、長期的な増税といひ、それらに必然に伴ふ物価騰貴といひ、それをもたらしたものは決して単に一人の大蔵大臣ではない。いや、陸軍大臣ですらない。それはむしろそれらの背後にあつてここ数年来わが国の実際政治を動かしているひとつの社会的・政治的な力である。（中略）むしろそれは軍部とか官僚とかいふものよりもつと根強い歴史的な力である。
>
> （「政局の行方」『改造』第十九巻第二号、一九三七年二月一日）

私は前掲『東大法学部という洗脳』の中で、宮澤を「大悪魔」「神なき知恵は知恵ある悪魔を作る」と書きましたが、同時にすぐれた時局眼を持つ宮澤の慧眼です。

戦前、特に第二次世界大戦の敗戦に至る国策の誤りでは、軍部の暴走がよく言われます。一面において事実ですが、すべてではありません。その暴走を許した背景にある政党の自己否定と世論の後押しは、決して無視することができないのです。斎藤隆夫の除名問題は、正に政党の断末魔です。新体制を旗印にボロボロと政党が自壊していき、昭和十五年十月十二日、大政翼賛会ができて止《とど》めを刺されました。

大政翼賛会はファシズムではありません。近衛新党の構想が一国一党でした。連中が目指したイタリアのファシスタ党やドイツのナチス、ソ連の共産党は、一国一党です。ところが、日本は一国ゼロ党になってしまったので、ファシズムができなくなってしまいました。全政党が解党してしまったので、慌てて作られたのが大政翼賛会です。

第三章

自民党が与党であり続ける理由

社会党は戦前から勢力を伸ばしていた

ここで、おさらいをしておきます。戦前の二大政党は、自由党～政友会が田舎の地主の代表、改進党～民政党が都市のブルジョワの代表を地盤に成立した系譜を引き継いでいます。

政友会は結党以来ほとんどの期間で第一党ですから、大正十三（一九二四）年まで一度も分裂したことがありません。

一方で改進党の系譜に連なる政党は分裂と統合を繰り返し、コロコロと党名が変わりました。しかし、桂太郎が創設した立憲同志会は、憲政会を経て立憲民政党へと成長し、政友会と張り合える二大政党の一角へと成長します。

大正末期に成立した「憲政の常道」時代、政友会の向こうを張った民政党が強い政党となったのは、都市の地盤を基礎としながらも田舎に乗り込み、そこでも地盤を築いたからです。逆に、政友会も田舎を地盤としながらも都市に乗り込みました。双方共に基軸とする地盤は異なりますが、田舎と都市の双方に地盤を持ったことで対等となり、世論が支持した側が選挙で勝つという構図ができました。確かに与党に有利ではありましたが、単純に権力を握る与党が勝てるわけではなかったのが、昭和初期の「憲政の常道」です。

戦後との関係で注目すべきが、二大政党に割り込んできた社会主義勢力です。特に、昭和

表3-1　大正・昭和期の選挙（／の前が選挙前の与党、後が野党）

行われた年	主な政党の議席数	備考
1924年（大正13年）	政友本党116／憲政会151、政友会100、革新倶楽部30	与党の政友本党が敗北。三党連立内閣へ。
1928年（昭和3年）	政友会218／民政党216	野党の民政党の議席減は、わずか3。「事実上の勝利」とわき返る。
1930年（昭和5年）	民政党273／政友会174	与党のキャンペーンが成功。 政友会は大幅に議席減。
1932年（昭和7年）	政友会301／民政党146	与党の景気対策が支持される。 なお、選挙に自信が持てず、民政党との連立内閣の工作もあった。
1936年（昭和11年）	民政党205／政友会175	民政党は準与党。 直後に2.26事件。
1937年（昭和12年）	昭和会18他／民政党179、政友会175、社会大衆党37	林銑十郎陸軍大将の内閣が二大政党を敵に回し返り討ち。
1942年（昭和17年）	大政翼賛会381／非推薦85	悪名高い翼賛選挙。 政党が存在せず。

十二（一九三七）年に行われた第二十回衆議院議員総選挙で民政党の議席を削り躍進した社会大衆党は、戦後に大野党に成長します。

社会大衆党は、昭和七（一九三二）年七月二十四日に結党された無産政党です。無産政党とは、労働者や小作人など資産を持たない人たちを支持層とする政党です。大正時代末期から昭和初期にかけて、社会主義政党が離合集散の末に形成されていきました。その中で最大勢力が社会大衆党です。この背景には、男子普通選挙の導入で有権者層が拡大したことがあります。中小農家の集まりからなる農民組合や労働者による労働組合が各地にでき、それらがまとまっていったのです。戦前、共産党が非合法政党だったのに対し、合法無産政党として成立したのが社会大衆党でした。

昭和十一（一九三六）年の第十九回衆議院議員総選挙では一八議席、翌年の第二十回衆議院議員総選挙では、既存の中小農家や労働者に加え、インテリ層や浮動票も集め、三七議席と躍進します。徐々に親軍的な方向性を強め、近衛新体制にあたっては真っ先に解党しました。戦後は政友会、民政党にさきがけて、旧無産政党の人たちが集まり、昭和二十（一九四五）年十一月二日、日本社会党（以下、社会党）として結党大会を行いました。

戦後憲政史を象徴する、「ダメな野党」の誕生です。この党がいかに我が国の憲政を歪めたかは、別に章を立て、次章で詳述します。

保守二大政党制を潰したＧＨＱ

戦後、各政党が復活するときに、政友会も民政党も党名が変わりました。政友会は、昭和二十（一九四五）年十一月九日に、日本自由党（以下、自由党）として再出発します。大政翼賛会に最後まで反対した鳩山一郎を総裁に、幹事長には河《こう》野《の》一郎《いちろう》が選出されました。一方の民政党は、昭和二十年十一月十六日、日本進歩党（以下、進歩党）として戦後を歩み始めます。旧民政党総裁の町田忠治を総裁に選出しました。幹事長は、戦前に鉄道官僚から政界に入った鶴《つる》見《み》祐輔《ゆうすけ》が選ばれます。

これで戦前の二大政党が復活した形ですが、敗戦後の日本では、すんなり元通りになりません。原因は、GHQ（連合国軍最高司令官総司令部）が公職追放で邪魔をしたからです。公職追放は、占領軍の進駐直後から始まりました。戦前に制定された制度や組織の撤廃から始まり、教育分野・思想・行政へと対象が広がります。昭和二十一（一九四六）年一月四日に出された「好ましくない人物の公職よりの除去に関する覚書」の規定に当てはまる者は、官職や議員、選挙の候補者になることを禁じられました。この覚書は、二月二十八日に勅令として発布されます。昭和二十一年勅令第一〇九号「『ポツダム』宣言ノ受諾ニ伴ヒ発スル命令ニ関スル件ニ基ク就職禁止、退官、退職等ニ関スル件」です。

公職追放令が直撃したのは進歩党です。進歩党に所属する二七四人の国会議員のうち、総裁の町田以下二六〇人が追放され、昭和二十一年四月十日の第二十二回衆議院議員総選挙を迎えることになります。敗戦直後の選挙法改正により、有権者の年齢引き下げとともに女性に選挙権が認められ、満二十歳以上の男女による初めての総選挙です。選挙の公示が三月十一日ですから、その二週間ほど前に公職追放令が出されたことになります。それでも進歩党は、第二党を維持します。

ここで激増したのが社会党です。衆議院第一党は自由党一四一議席、第二党が進歩党九四議席、社会党が九三議席で第三党となりました。公職追放がなければ、進歩党が第一党になっていた可能性が高いでしょう。次期総理は、第一党自由党総裁の鳩山一郎がなると思われ、組閣の準備が進められていました。

ところが公職追放の影響が、自由党にも及びます。選挙後の五月に総裁の鳩山一郎、六月に幹事長の河野一郎がそろって公職追放となりました。鳩山が公職追放となったのは、組閣のわずか二時間前です。最高司令官ダグラス・マッカーサーが鳩山を名指しで公職追放対象者と決定し、覚書の形で指令を出しています。理由は、堂々と連合国批判をする鳩山が、生意気だったからです。占領軍は「民主化」を建前としていましたが、実態はこんなものです。進歩党は幣原喜重郎が、自由党は吉田茂が総裁に就任しますが、いずれも外交官出身だから党総裁に招かれました。当時は、占領統治の司令部ＧＨＱの高官と直接英語で話せることが、権力でした。

戦前は、いろいろな問題がありつつも、保守二大政党制です。この場合の保守とは、日本国・皇室という価値観を否定しないという意味です。その系譜上にあるのが自由党と進歩党です。ところが、GHQが保守二大政党の一方を力ずくで潰し、保革二大政党への道を開きました。戦後、日本や皇室という価値観を否定しかねない人たちが勢力を伸ばす端緒となったのです。

「憲政の常道」復活の兆しが見えたが……

選挙で単独過半数を得られなかった自由党は、進歩党と連立を組みます。昭和二十一（一九四六）年五月二十二日、第一次吉田茂内閣が成立しました。憲法をはじめ、GHQの監督下での法整備という課題が山積する中、世情は食糧難や労働争議で不安定です。同年十一月三日には日本国憲法が公布され、翌昭和二十二（一九四七）年三月三十一日、最後の帝国議会が解散されました。そして四月二十五日、第二十三回衆議院議員総選挙が行われました。選挙の結果、社会党が第一党となります。

この時の議席獲得数は、第一党の社会党が一四三議席、第二党の自由党が一三一議席、第三党は進歩党を基に他会派が合同した日本民主党が一二四議席、国民協同党が三一議席でした。この四党が主な勢力です。第一党となった社会党の西尾末広《にしおすえひろ》書記長は「大変だ。社会党が第一党になっちゃったよ」と言い出し、第四党の国民協同党を率いる三木武夫《みきたけお》書記長が「僕が助けるよ。君、やりたまえよ」と応じたそうです（三木睦子『信なくば立たず』講談社、一九八九年）。

その西尾は官房長官として政権を切り盛りするのですが、「いざ、政務の実際にタッチしてみると、自分を助けてくれる有能な人材が、身辺あまりにも不足であることを知った」と痛感します（原彬久『戦後史のなかの日本社会党』中公新書、二〇〇〇年、三五頁）。あまりにも人手不足なため、運輸次官だった佐藤栄作を内政担当の官房次長にスカウトしますが、辞退されています（同三六頁）。官房次長というのは、今の官房副長官のことです。社会党が単独過半数を得たわけではないので、社会党・日本民主党・国民協同党の三党連立内閣となります。社会党中央執行委員長の片山哲《かたやまてつ》を首班とし、連立を取りつけるために社会主義的政策の公約を曲げて、他党との協力関係を構築しました。

この時片山は、自由党総裁の吉田茂に対して、自由党からも閣僚を出してほしいと頼んでいますが、吉田は断ります。社会党左派が共産主義を認める「容共」だったからです。吉田は、「われわれは最初からはっきり反共なんだ。反共と容共とが連立内閣を作ってみたところで、気の合わない二人三脚みたいなものだ」と述べています。吉田は、自由党幹部で連立入りを支持する人たちに対しては「政党とは政策ではないのか」と説得しています（吉田茂『回想十年（上）』中公文庫、二〇一四年）。

吉田の意識は、国家本位の政党でなければ「憲政の常道」は成立しないという、戦前のオールドリベラリズムです。連合国のポツダム宣言にも「日本を民主化する」ではなく「民主的傾向の復活強化」と書かれています。敗戦間際の国体護持をめぐって「民主的傾向」の解釈で揉めますが、当時のアメリカの知日派と呼ばれる人たちは日本の「憲政の常道」の復活が頭にあったのです。代表的な知日派であるウィリアム・キャッスルやジョセフ・グルーは、対米開戦前の駐日大使です。外交官だった吉田とは旧知の仲ですし、民政党政権で外務大臣を務めた幣原喜重郎が対米協調路線だったことも知っています。そこで、吉田らのようなオールドリベラリストの政権を作ることが考えられたのです。

昭和二十二（一九四七）年五月二十三日、国会で首班指名が行われ、吉田自由党の出席議員全員が社会党の片山哲に投票します。日本国憲法の手続きによる最初の首班指名は、全政党が片山に投票しています。これは、元老の奏薦が憲法典の手続きに代わっただけで、第一党が政権に失敗した時は反対党に譲るという意思表示です。しかも自由党は選挙で第二党となったので、党が政権に留まるのではなく、政権を譲渡する意思を示すという意味で片山に投票しているのです。片山は首班指名で九〇％以上の得票により、内閣を組織することとなります。ＧＨＱの占領期に「憲政の常道」は復活しつつありました。

民主主義を捻じ曲げたＧＨＱ

問題は片山哲が首相になった後です。社会党は政権担当の準備もできておらず、しかも占領期で誰がやってもうまくいかない時期です。一年もたたずに内部分裂で政権は潰れます。予算を成立させることもできませんでした。自由党の総裁の吉田茂は、政権運営に失敗したのだから、「憲政の常道」に従って、第二党である自由党に政権を渡せと要求します。

そこに「待った」をかけたのが、ＧＨＱ民政局次長のチャールズ・ケーディスです。ケーディスは日本国憲法の制定を主導した人物ですが、知日派のグルーやキャッスルとはまったく立場が異なります。ケーディスはニューディーラー、つまり社会主義者です。

昭和二十三（一九四八）年二月十日、片山内閣が総辞職すると、まもなく日本民主党の芦《あし》田《だ》均《ひとし》総裁への政権移譲という話が持ち上がります。芦田は自由党結成に加わっていたのですが、片山内閣が成立すると脱党し、外務大臣として入閣していました。

この政権移譲には、多くの批判が出ます。当時の朝日新聞の記事を追うと、二月十四日の社説で「今後の前例となるのだから合理的に決めるべきだ」という記事が載り、二月十九日の「声」欄にたらい回し批判の読者投稿が掲載されます。国会での早期の首班指名投票実施が主張され、二月二十一日に行われた投票では衆議院が芦田、参議院は僅差で自由党の吉田茂を選ぶ結果となりました。これを朝日新聞が翌日の社説で取り上げ、「第一党が失敗したのだから、第二党に政権を移譲せよ」との主張を展開します。戦前の「憲政の常道」を知っている日本人からすれば、「自由党の吉田茂は第一次内閣で失敗して、社会党の片山哲に潔く政権を渡したのだから、今度は片山が吉田に返して総選挙を行え」が常識です。

すると、二月二十五日の朝日新聞一面トップに、GHQ民政局代表の声明と一問一答がデカデカと掲載されました。それは「選挙も経ずに第二党へ政権を渡すのは民主主義に反する」という内容で、多数を取ったこと自体が民主主義だとしました。ただ、二十八日に二回目の一問一答が掲載された時には、「芦田が失敗したら、さらなるたらい回しを容認するか」との質問に、民政局は「それは民主主義の観点から選挙で多数を決めるのが良いのでは」と答えています。歯切れが悪い答えですが、占領軍なので逆らえません。つくづく戦争に負けたくないものです。

二月二十五日のGHQの声明が掲載されて以降、朝日新聞では批判がぱったりとやみます。最終的には、日本国憲法第六十七条二項の規定により衆議院の議決が優先され、昭和二十三年三月十日、芦田均内閣が成立しました。二大政党による政権交代の復活を求める「憲政の常道」は、多数派は何をやっても良いと考えるケーディスらGHQにより妨害され続けました。ところが、ケーディスの横暴により成立した芦田均内閣は、たった七か月で潰れます。ケーディスはこの期《ご》におよんでも連立内閣を維持しようとしました。今度は、わずか三一議席の第四党、国民協同党の三木武夫書記長に首班を打診しました。

三木は、マッカーサーに二度も呼び出され、「総理大臣をやれ」と命令されます。ところが三木は、「アメリカにデモクラシーがあるなら、日本には憲政の常道がある」と断ります。権力や命令でむりやり作った数の力で内閣を組織するのは日本流の民主主義ではないと述べ、マッカーサーに「あなたはデモクラシーの国から来たのでしょう」とまで説教しました。

いかに三木を批判する人でも、日本人ならば褒めざるを得ない一世一代の名エピソードです。なお、この話の出典は、小著『政争家・三木武夫　田中角栄を殺した男』（講談社、二〇一六年）に挙げておきましたが、すべて三木武夫本人の証言です。これほどカッコいい三木が三十一年後にどうなるかは、後のページをお楽しみに。

三木が断ってもケーディスはなおも悪あがきしましたが、政権は自由党の吉田茂に戻りました。昭和二十三（一九四八）年十月十五日、第二次吉田茂内閣が成立します。ＧＨＱのスタッフだったジャスティン・ウィリアムズは、この時のことを『マッカーサーの政治改革』（市雄貴・星健一訳、朝日新聞社、一九八九年）の中で、「日本に民主主義の基礎を築こうとしたのに」という新聞記事を引いて、ケーディスの心情を記述していますが、どうも彼らには三木の言っていることが理解できなかったようです。単純に、「吉田首相にすれば政局を打開できる」としか受け取られませんでした。

政権を取った吉田は、少数与党のため解散総選挙に打って出ようとします。これも「憲政の常道」を復活させようとする動きです。ところがケーディスらＧＨＱは、またも嘴《くちばし》を突っ込みます。「日本国憲法第六十九条にある内閣不信任の場合以外、解散できない」と言い出したのです。というのは建前で、吉田が解散総選挙で勢力を伸ばすのを阻止、ケーディスが推す社会党や民主党が力を回復するのを待とうとの魂胆です。こいつは、つくづくクズです。

そこで、吉田はマッカーサーと談合して野党に不信任案を出してもらいます。当然、野党が多数派なので可決となり、解散しました。「なれあい解散」と呼ばれます。

昭和二十四（一九四九）年一月二十三日の第二十四回衆議院議員総選挙は、吉田自由党の大勝利となりました。日本民主党から離脱した議員を吸収した自由党は、民主自由党（以下、自由党）として選挙戦に臨み、二六四議席を獲得します。第二党の日本民主党は六九議席、社会党は四八議席、そして社会党から離れた革新票が共産党に集まり、三五議席に躍進しました。多数を得た吉田は、以後三年間あまり、安定政権を築くこととなります。第三次吉田茂内閣です。第三次吉田内閣の安定には、選挙で多数を獲得しただけでなく、GHQ内でケーディスが権力闘争に敗れアメリカに帰国したことも大きく寄与しました。

かくして、安定政権を背景に、吉田は昭和二十六（一九五一）年九月八日、サンフランシスコ講和会議で講和条約と日米安全保障条約の調印を果たすこととなりました。翌昭和二十七（一九五二）年四月二十八日、この講和条約の発効をもって戦争が終結し、日本の歴史が始まって以来の外国による軍事占領が終わります。

ここで吉田が辞めておけば、非の打ちどころのない名宰相として歴史に名を残すだけでなく、「憲政の常道」も復活したかもしれません。GHQの横やりにも負けずに何とか日本流の「憲政の常道」を復活させようとした努力は、やがて日本人自らの手で闇に葬られることとなります。

社会党が政権の帰趨を決めた瞬間

ＧＨＱの占領統治末期、昭和二十五（一九五〇）年に勃発した朝鮮戦争の影響を受けてアメリカの対外方針が変更され、公職追放の処分者の再審査が行われるようになります。そして同年から、政財官の各界から追放されていた人々が陸続と復帰してきました。吉田茂が講和条約調印に向かう一か月ほど前、鳩山一郎の公職追放が解除されます。鳩山は昭和二十七（一九五二）年十月一日の第二十五回衆議院議員総選挙で自由党から立候補し、当選をして政界復帰を果たします。

鳩山の追放解除と前後して、極東国際軍事裁判（東京裁判）で禁固七年という判決を受けていた外交官出身の重《しげ》光《みつ》葵《まもる》も東京拘置所から解放されます。重光葵はポツダム宣言受諾直後に成立した東《ひがし》久《く》邇宮《にのみや》内閣の外相として、降伏文書に調印した人です。重光は同じく第二十五回衆議院議員総選挙で改進党の総裁として戦い、自由党に次ぐ第二党となります。改進党は、立憲民政党～日本進歩党～国民民主党の、後裔政党です。

復帰した鳩山とその一派は、吉田茂に政権を返すよう求めますが、吉田は鳩山の病身を理由に総理総裁の座を渡しません。すったもんだの末に、昭和二十七年十月三十日に第四次吉田茂内閣がスタートします。まったく政権を渡す気がない吉田に対し、鳩山は三《み》木《き》武《ぶ》吉《きち》を参

謀として政権争奪の抗争を挑みます。鳩山は自由党から出たり戻ったりしながら、吉田と角逐していきます。たとえば鳩山派が首班工作で動き回れば、吉田は政権や党の重職から鳩山派を締め出して報復、今度は鳩山派が議会で野党の不信任案提出に際してサボタージュ、吉田がさらに報復するといった具合です。

この過程で、自由党は吉田派と鳩山派で分党したり、鳩山派が再び戻ったりした挙句、最終的には反吉田新党の動きとなり、鳩山は重光と組んで日本民主党を立ち上げます。自由党から出たり入ったりする鳩山の動きは、戦前なら床次竹二郎と似ています。現代であれば小《お》沢《ざわ》一郎《いちろう》です。ただし、鳩山の場合は床次や小沢と違って、参謀が優秀でした。もっとも、それも結果論で、もし鳩山内閣が成立しなかったら「性懲りもない奴」で終了だったでしょう。

鳩山の動きは「出たり入ったり、また出たり」と評されました。「新党結成を模索」→「自由党復党」→「バカヤロー解散に際し脱党」→「カネがなくなり復党」→「再び脱党して吉田倒閣」と目まぐるしく動きます。

こうして保守陣営が争っている間、間隙を突いて躍進したのが社会党です。昭和二十八（一九五三）年二月末の衆議院予算委員会での吉田茂の暴言により首相懲罰動議が出され、閣僚の造反もあって可決されます。次いで内閣不信任案も可決され、解散総選挙になだれ込

表3-2　鳩山一郎（と言うより三木武吉）の飽くなき政権抗争

事 件	鳩山の動き
公職追放解除 1951年(昭和26年)6月	当初は三木武吉を中心に新党結成を模索。 しかし、鳩山が半身不随に。自由党に復党。
自由党復党 1951年(昭和26年)～	自由党内の不満分子を煽動。吉田の党運営をことごとく妨害。陣頭指揮を執ったのは三木武吉。
抜き打ち解散 1952年(昭和27年)8月	業を煮やした吉田は抜き打ち解散で応じる。鳩山派は35名しか当選できず。吉田も少数与党に転落。
池田通産大臣不信任案 1952年(昭和27年)11月	吉田は鳩山派の条件を呑み、首班指名に協力させるが反故。怒った鳩山派は池田勇人の失言に乗じ、野党の不信任案に同調。可決させる。ようやく吉田も妥協に応じ、三木を党総務会長に。
バカヤロー解散 1953年(昭和28年)3月	吉田が国会で「バカヤロー」と失言。三木は吉田側近の広川弘禅(ひろかわ こうぜん)農相を切り崩し、吉田首相の懲罰動議を可決させる。そのまま内閣不信任案を可決させるが、吉田は解散総選挙で切り返す。鳩山派は脱党、分派自由党を結成。
重光首班構想 1953年(昭和28年)4月	吉田自由党は過半数割れ。吉田と鳩山の与野党を巻き込んだ多数派工作の末に吉田政権を維持。 鳩山は自由党に復党。吉田の「君が選挙で負った借金はすべて肩代わりする」との甘言につられて。 三木ら8人だけは復党せず。この年に大流行した黒沢映画『七人の侍』にちなんで「八人の侍」と言われる。
造船疑獄 1954年(昭和29年)1～12月	三木はCIAと組んでまで、吉田内閣倒閣の陰謀を仕掛ける。結果、保全経済界事件・造船疑獄と次々と汚職が噴出。三木（日本自由党）は重光葵率いる改進党と組み、再び脱党した鳩山を総裁に日本民主党を結成。社会党と組んで内閣不信任案を提出。人心が離れ万策尽きた吉田派はついに総辞職。

みます。「バカヤロー解散」です。昭和二十八年四月十九日の第二十六回衆議院議員総選挙では、自由党（吉田自由党）は一九九議席で第一党を守ったものの過半数割れとなりました。分党派自由党（鳩山自由党）は三五議席、重光の改進党は七六議席、社会党は鈴《すず》木《き》茂《も》三郎《さぶろう》を中心とした左派が七二議席、河上丈《かわかみじょう》太《た》郎《ろう》の右派が六六議席となりました。五月二十一日、第五次吉田茂内閣が発足します。

　第五次吉田内閣が国政で抱えていた重要事は、再軍備問題です。吉田が少数与党の状態で重要法案をむりやりに通そうとするので乱闘国会となり、警察隊まで投入されています。さらに、造船疑獄で大逆風となると、吉田内閣は野党の不信任案提出を受けて総辞職します。

　こうした状況下、吉田は少数与党の不安定さを補うため重光の改進党と提携を試みましたが、最後まで社会党とは組みませんでした。一方、鳩山は社会党と組むことによって吉田を潰しています。鳩山は昭和二十九（一九五四）年十一月、重光と組んで日本民主党を立ち上げます。ちなみに、芦田均などが総裁を務め昭和二十五年に解散した日本民主党とは別の政党です。突如として衆議院で一一九人の巨大野党が登場し、与党自由党は一六四議席にまで落ち込みました。そこに左右社会党が加わって内閣不信任案を提出し、可決が避けられない情勢となります。

吉田は既に総裁の引退を表明し、緒《お》方《がた》竹《たけ》虎《とら》副総理に譲ると宣言していました。しかし、なおも解散で鳩山民主党と社会党を蹴散らそうとします。これを止めたのは、緒方その人でした。「引退を表明した総理が解散して国民に信を問うなど憲政の常道に反する」と解散の署名を拒否する緒方に対し、吉田は国務大臣の罷免で応じようとしました。しかし、最側近の池田勇人が既に人心が離れたことを告げ、自分で後継に指名した緒方を罷免しては吉田の沽券にかかわると説得。ようやく、吉田は総理総裁の退陣を決意しました。

保守合同による「一・五大政党制」

吉田内閣総辞職の二日後の昭和二十九（一九五四）年十二月九日、衆参両院で日本民主党の鳩山一郎が首班指名を受け、翌十日に第一次鳩山内閣が成立します。社会党と組むことによって政権を取りました。

この時も結果的に、まだ「憲政の常道」が生きていました。第一党の自由党が失敗したので、第二党の日本民主党に政権が渡りました。鳩山は少数与党なので、他の野党と組み、暫定政権として発足した後に解散総選挙を行うことになります。

ここで問題が発生します。昭和三十（一九五五）年二月二十七日の第二十七回衆議院議員総選挙で、鳩山の日本民主党は第一党に躍進しましたが、過半数を取れなかったのです。日本民主党が一八五議席、吉田茂に代わって緒方竹虎が率いた自由党が一一二議席、社会党左派は八九議席と勢力を拡大、社会党右派が六七議席という結果になりました。戦前ならば政権交代すれば、保守二大政党が第一党と第二党を一〇〇議席くらい入れ替わり、第一党になった与党は思う存分に政策を実行しました。ところがこの時は、左右社会党が野党として一大勢力を築いていました。

しかも衆議院議長の選出では、社会党は自由党と組んで三木武吉を退け、自由党の益《ます》谷《たに》秀《しゅう》次《じ》が選ばれました。首相は民主党、議長は自由党、社会党が保守政党の抗争の勝者を決める状況が出現しました。

昭和三十年は米ソ冷戦が激化していく時期にあたります。これに先立つ昭和二十七（一九五二）年には、アメリカが水爆実験を行い、翌年にはソ連も水爆保有を公表しました。この年の五月には、西ドイツの再軍備とＮＡＴＯ（北大西洋条約機構）加盟が実現し、対抗するソ連は東欧八カ国にオブザーバーとして中国を加えたワルシャワ条約機構を発足させました。夏には米ソが人工衛星打ち上げを表明し、宇宙時代へと突入していく年です。こうした国際情勢の推移の中、社会党の特に左派が伸びました。社会党左派は革命勢力です。そして昭和三十（一九五五）年十月十三日、左右社会党が再統合されます。

自由党は、政友会以来の田舎に地盤を持つ政党です。これが戦後派の吉田に乗っ取られています。民政党末裔《まつえい》の日本民主党は都市に地盤を持ち、社会党支持層と被ります。田舎の自由党の基盤が強固で、社会党が入り込めなかったからです。そこで、左派伸張への危機感と安定政権を作るために生まれた構想が、保守合同でした。

第二次鳩山内閣のうちに、鳩山一郎総裁の日本民主党と緒方竹虎総裁の自由党の合同が成り、昭和三十年十一月十五日、自由民主党が結成されました。組織構造を人脈から見ると、対等合併です。

社会党が再統合されると、都市ではリベラル勢力が伸びました。マスコミや学界では社会主義者が多数派ですが、政界では政友会末裔の自民党が絶対与党です。社会党が政権を取りに行かないことで、この構図が固定して「五十五年体制」と呼ばれるようになります。

時は米ソ冷戦。既に文書公開で明らかになっていますが、自民党はアメリカの、社会党はソ連の資金援助を受けていました。「保守が内輪もめしてソ連の回し者に日本を渡してはならない」との大義名分で、巨大与党の出現を求められました。

戦前は、二大政党がそれぞれ都市と田舎の両方を押さえている「保保二大政党制」でした。

戦後はＧＨＱの占領統治の間に革新勢力が育成され、「保革二大政党制」となりました。より正確には、社会党は政権を取りに行く意志がないので、「保革一・五大政党制」です。

令和三（二〇二一）年十月現在、衆議院の第一党は自民党、第二党が立憲民主党で、これも保革一・五大政党ですが、その起源は保守合同当時の自民党と社会党の構図にあるのです。安倍晋三内閣が八年間続いた理由の根源です。さらに、その根源は、昭和十二（一九三七）年衆議院議員総選挙での社会大衆党の躍進です。そして、ＧＨＱが進歩党の政治家を大量に公職追放して日本社会党を躍進させ、健全な野党が消滅します。

戦前日本人は政権交代する「憲政の常道」を必死に模索し、一時は上手くいきかけましたが、挫折しました。そして万年野党の社会党が野党第一党に居座ることで、日本の民主制は留まるところなく腐敗していきます。

日本社会党は存在そのものが選挙民への愚弄

明治の板垣自由党は常に衆議院第一党であり、原敬が育てた政友会はいつも与党的地位にありました。そして戦後は、吉田茂が自由党を率いて長期政権を築き、保守本流を自称します。この「板垣自由党～原政友会～吉田自由党」の系譜は、日本の多数である地方利益を代表しています。

政治学者の升味準之輔先生は、自民党は農村人口が一割以上を占めていた時代にできた政党であり、自民党は補助金を地方の農村部に配分することで票を確保していたと評されます（升味準之輔『日本政治史』四巻、一九八八年、東京大学出版会）。言うなれば、自民党は農協が支えていた政党でした。一割の固定票がある政党・政治家は、選挙に極めて有利です。票田となっていた農村人口が減少してくると、自民党は都市の有権者の票を獲得するために媚びていきます。また、自民党は総合建設会社（いわゆるゼネコン）を確固とした基盤とし、農村人口の減少の穴埋めとします。二十一世紀になるとそれでも足りなくなり、創価学会が最大支持基盤となっています。常に日本人の一割、ざっと一千万人に支持されているのですから、強いに決まっています。

この二十年、自民党の最大支持母体は創価学会です。創価学会・公明党が持つ票は六百万票と言われています。これで日本の人口の五％。十％の威力、お分かりでしょうか。

ただ、農村人口が減っても、結党から最初の二十年間は、都市の有権者に媚びる必要はありませんでした。その理由は二つあります。

一つ目の理由は、自民党として初めて戦った、昭和三十三（一九五八）年、第二十八回衆議院議員総選挙以降、二十年間にわたり高度経済成長期が続いていたためです。都市と地方の対立以前に、「自民党に任せていれば万事上手くいく」と有権者の多数が判断してくれました。日本経済全体が伸びているので、都市と地方がパイの奪い合いをする必要がないのです。マスコミの主流派は自民党批判に明け暮れましたが、政界での受け皿は存在しません。せいぜい日本社会党くらいです。

二つ目の理由が、自民党の競争相手となるべき野党第一党が、その日本社会党であったからです。社会党が相手なのですから、何をやっても絶対に選挙で勝てます。自民党は何の努力も必要ありません。経済成長路線を守っていれば良かったのです。

社会党には「政権を取ってはならない」とのトラウマがあります。片山哲内閣は、成立から約八か月後の昭和二十三（一九四八）年二月十日に総辞職します。社会党内の右派と左派が党内対立をして自滅したのが最大の理由です。そして、昭和二十四（一九四九）年一月二十三日の第二十四回衆議院議員総選挙で社会党は一四三議席から四八議席に激減する大敗を喫します。この経験がトラウマとなって「下手に政権を取ったら、責任を取らねばならない」「政権運営に失敗したら、選挙で落選する」という、政権担当恐怖症を患った社会党は、政権を取る意志すら示しませんでした。昭和三十三年を最後として、衆議院の定数の過半数の候補者を立てたことがありません。

しかし、社会党議員は政治家を続けていくために選挙で当選する方法を考えました。ひねり出された目標が、「憲法改正阻止」でした。日本国憲法を改正するには、衆参両院において三分の二以上の賛成票が必要になります。そのため、「憲法改正阻止」をするだけならば、衆参両院のどちらかの三分の一の議席を獲得すれば可能です。衆参両院のどちらかで三分の一、つまり三四％の議席を獲得することが社会党の目標になりました。

それに対して自民党はいかなる手段を使ってでも、常に衆議院で五一％の議席を獲得して与党でありたいという政党です。常に衆議院で五一％の議席は獲得したい自民党と、衆参どちらでもいいので三四％の議席が欲しいけど五一％はいらない社会党は、利害が一致します。そして自社両党は談合による国会運営で、他党を排除します。この談合は、社会党に代わる政権担当意志がある野党が伸びてこない体制でもありました。自民党は社会党が与党の座を脅かさないので安心だし、社会党は他の野党を押さえておけば議席は獲得できます。

こうした与党自民党と野党第一党の社会党の八百長構造は、形を変えて現代でも続いています。

現代、「自民党か、ナントカ民主党か」の対立も、裏の談合を隠すカモフラージュだと思った方がいいでしょう。

政権を取る意志がない野党第一党が居座る。自民党にどんなに不満があっても、選挙民は不満票をどこに持っていけばよいのか、選択肢がありません。

日本社会党は、存在そのものが我が国の憲政を破壊し、選挙民を欺き、愚弄していました。

右派社会党と左派社会党

自民党は、「やさしさと思いやり」の政党です。最近は少し厳しくなりましたが、昔は「どんな馬鹿でも衆議院で七回当選すれば、佐藤《さとう》孝行《こうこう》とハマコー以外は誰でも大臣にしてあげる」と言われたものでした。佐藤孝行とは、ロッキード事件で逮捕され、有罪判決を受けた衆議院議員です。橋本《はしもと》龍《りゅう》太《た》郎《ろう》内閣で総務庁長官に起用されましたが、マスコミの猛批判を受け、わずか十二日で辞任に追い込まれました。

ハマコーとは浜《はま》田《だ》幸《こう》一《いち》。下手な総理大臣よりも知名度と存在感があった人気者でしたが、若い頃はヤクザで殺人未遂事件を起こして服役経験があります。トラブルメーカーなので「政界の暴れん坊」、情報通で人の弱みに詳しいので「触らぬハマコーに祟りなし」などと恐れられました。ハマコーは、講演の名手でもありました。

ハマコー講演の鉄板ネタが、「自ら眠る自眠党」「斜めに壊れる斜壊党」でした。右派と左派が二派に割れているから「二本斜壊党」とも揶揄されました。

では、日本社会党とは、どのような政党だったのか。

日本社会党は、昭和二十（一九四五）年十一月二日、第二次世界大戦前の非共産系の合法左派社会主義勢力であった、日本無産党（左派）、日本労農党（中道）、社会民衆党（右派）が大同団結して結成されました。社会党の右派と左派はまったく体質が違っていて、結党大会においても、その違いが表れています。左派の荒畑《あらはた》寒村《かんそん》は「私が結成懇親会に出てみて驚いたことは、およそ社会主義とは縁もゆかりもない人間が顔を並べ、これが事実上の結党式かと疑われるような言辞がのべられたことだ。たとえば、後に社会党から衆議院に出てパージとなった名古屋の『忠孝労働組合』の山崎某もいれば、右翼の津久井某もいる。浅沼稲次郎君は開会の挨拶のなかでヌケヌケと国体擁護を唱えるし、最後には賀川豊彦君が天皇陛下万歳の音頭をとるなど、私はあまりの沙汰にただ呆れるばかりであった」（前掲『戦後史のなかの日本社会党』十八頁）というように、左派にとっては国体護持や天皇陛下への敬意を示す行為は受け入れがたいものだったようです。左派と右派の体質の違いが見て取れます。

右派社会党は、戦前の有名な政治学者である吉野作造が期待をしてしまった人たちです。

吉野は政友会の権力体質に批判的で、その政友会と飽くなき抗争を繰り広げる憲政会（民政党）にも冷淡でした。そこで二大政党を牽制する第三勢力が必要だと、社会民衆党を応援していました。吉野曰く、「既成政党の心胆寒からしめるのが目的である」です（吉野作造『我が国無産政党の辿るべき道』中央公論、一九二七年一月号）。この人たちが戦後に社会党右派を形成し、やがて民主社会党へと流れていくこととなります。片山哲や西尾末広は、その右派です。

一方、左派社会党の人たちは、共産党の名前では当選できないと考えて社会党を名乗っている人たちです。左派社会党は、何をしでかすか分からない人たちの集まりでした。

左派社会党には、松本《まつもと》治《じ》一郎《いちろう》という、九州の被差別部落代表で、初代日中友好協会会長を務めた人がいました。松本は宮中で、「カニの横ばい拒否事件」を引き起こします。昭和二十三（一九四八）年一月二十一日、国会開会式の際に天皇陛下への拝謁を、参議院初代副議長であった松本治一郎が拒否した事件です。天皇陛下への拝謁の際に「天皇陛下に尻を見せては不敬になる」との理由で、天皇に頭を向けたまま横向きに退出する習慣がありました。その習慣に対して、「カニの横ばいのようなことは、人間のやることではない」と拒否したので、話題になった事件です。

左派社会党によって社会党内閣が総辞職に

昭和二十二（一九四七）年の片山内閣は一年持たずして総辞職に追い込まれましたが、倒閣運動を主導したのは、同じ社会党内の左派の人たちでした。片山内閣では、左派社会党を代表する鈴木茂三郎が衆議院予算委員長を務めていました。昭和二十三（一九四八）年二月五日、公務員給与増額にかかわる政府補正予算案を鈴木茂三郎は、野党の自由党と共産党を味方につけて潰しました（前掲『戦後史のなかの日本社会党』五十五頁）。

予算を潰す、それがどういう意味を持つか。国家経営を放棄するということです。

初代内閣総理大臣の伊藤博文は、帝国憲法の解説本『憲法義解』の中で、国家予算が成立しなければ、良くて「行政麻痺」、悪くすれば「国家存立の廃絶」と述べています。戦前の二大政党である政友会と民政党が互いに罵り合っていても、予算を通さないという無茶はやりませんでした。予算は国家の意思だと、理解しているのです。

野党が政府の提出した予算に反対するのは当然として、与党の反主流派が予算を否決するなどあり得ませんでした。政権与党として国政に責任を持つとは、予算を編成し執行することなのですから。

ところが左派社会党は、「予算は国家の意思である」という概念を理解できませんでした。

戦前の政友会と民政党、占領期の自由党と改進党は、いかに愚かな国会議員でも、「日本」「皇室」という価値観は理解できます。右派社会党だって、それくらいの良識はあります。ところが、左派には最初から良識など期待できません。本気で革命を起こし、日本を転覆しようと企《たくら》む人までいました。

　安全保障に関する考えも、右派社会党と左派社会党は違っていました。昭和二十六（一九五一）年九月八日、サンフランシスコ講和条約を締結し、独立を回復した日本は、日米安保条約も同日に締結し、日本国内の米軍駐留を受け入れます。右派社会党は、日米安保条約は不平等条約なので改定の必要性を強調していましたが、実質的に日米安保条約を容認します。そして、右派社会党の人たちは、日本の再軍備や憲法改正が行われるというのは、暗黙の前提としてありました。昭和三十年代までは、社会党も右派の影響力があったため、日本国憲法、特に九条をいつかは改正することを前提としており、在日米軍も早期に撤退してもらうという合意がありました。そのための条件闘争として社会党は保守政党と争っている時代でした（樋口恒晴『「平和」という病』ビジネス社、二〇一四年、二十八頁）。

　結成当初は右派社会党の影響力が大きく、改憲政党だった社会党は、いつから左派社会党の影響力が上回り、護憲政党になってしまったのか。日本国憲法が「新憲法」と呼ばれなくなり、在日米軍が未来永劫いるという話になってしまったのか……。実は、日本にマトモな野党が育たない理由と一体の話なのです。単なる政局の話ではなく、戦後日本のあり方の話につながります。

その根源が吉田茂にあります。昭和二十六年のサンフランシスコ講和条約締結後、在日米軍が駐留することになりましたが、アメリカに日本を守らせて日本国憲法を堅持していれば、軍事負担を極端に軽減し、経済政策に邁進できると、時の首相の吉田は考えました。この吉田の考えは、はるか後年になって、永《なが》井《い》陽《よう》之《の》助《すけ》が『現代と戦略』（文藝春秋、一九八五年）にて、「吉田ドクトリン」と名づけました。この「吉田ドクトリン」として語られる「軽武装・経済成長」路線が、保守本流が守るべき教義のごとく扱われることになります。本当は一時しのぎだったのに。

自民党と手を組むことが野党利権に

吉田は、アメリカの日本に対する再軍備要求に抵抗し、経済政策を優先するために左派社会党を利用しました。「再軍備反対」を強く主張していた左派社会党を利用して、「日本国内には、再軍備反対を主張する勢力がいるので……」という言い訳で再軍備は難しいとして、アメリカとの交渉をしやすくしました。当時の鈴木茂三郎社会党委員長は、「吉田はくせ者だよ。再軍備反対で吉田から激励されたよ」と呟《つぶや》いたそうです（前掲『戦後史のなかの日本社会党』七十八頁）。教条的な憲法九条護憲派の鈴木茂三郎には、経済回復を優先するために憲法九条を利用して、日本の再軍備を抑えていた吉田茂の真意は測れなかったのでしょう。

ただし、社会党は「野党利権」の存在に早くから気づくことになります。野党第一党でいることにより、アメリカとの関係に腐心する保守政党に利用してもらえるのです。表では対立していながらも、裏では結託する国対政治が恒例化します。

国会運営は国会の正式な機関である議院運営委員会ではなく、党の国会対策委員会で決められるようになります。議運は儀式の場、国対が真の取引の場となります。ここでは国会運営で自社両党の顔が立つように談合し、金銭のやり取りも行われたとか。

たとえば表では乱闘国会をやっているけれども、裏では台本ができているのです。社会党としては支持者に「我々は必死に抵抗しましたが、最後は与党の多数に押し切られました。次は勝ちます」と言い訳できれば、自分は当選できます。当選するために金や票をもらうのが、国対政治です。

当時は米ソ冷戦の時代です。社会党が与党の金で腐敗すれば、ソ連の手先となって革命を起こすなど、あり得ません。自社談合政治は、ソ連の介入を防ぎ、アメリカにも物申せる、保守政治の知恵だと威張り出す始末でした。

ただ、吉田茂から池田勇人までの政権において、「軽武装・経済成長」という政策は一時的な方便としか思われていませんでした。その方便を、日本の取るべきドクトリンかのごとく喧伝したのは、宮澤《みやざわ》喜《き》一《いち》です。「所得倍増政策」を掲げて高度経済成長を成し遂げた池田勇人総理が、経済を優先して防衛政策には消極的だったという通説も、宮澤喜一のイメージ操作によるところが大きいようです（前掲『「平和」という病』一〇六頁）。

ここで大事なことは、吉田内閣から池田内閣までの昭和二、三十年代までは自民党と野党である右派社会党も含めて、改憲に合意する勢力が多数だったということです。護憲の左派社会党は少数派でした。つまり戦後政治は、革新（リベラル）が少数派であるところから出発したのです。

なお、自民党では政策を扱う政調会長が出世コースで国対委員長は格下でしたが、社会党では逆です。最近も立憲民主党の安《あ》住《ずみ》淳《じゅん》国対委員長は、「野党の政策など犬も食わない」と放言したそうです（『週刊文春』令和三年三月二十五日号）。

社会党の遺伝子は、今も生きています。

民社党の挫折と社会党の〝斜壊党〟化

左派社会党の議員は、「憲法改正阻止」を目標に掲げて、有権者の支持もある程度ありました。それに対して、右派社会党の議員の場合は、左派社会党に比べて明確な目標がありません。だから、社会党支持者の中では、左派が優勢になっていきます。また普通の人からすれば、右派社会党に票を入れるくらいなら、自民党を応援すれば政策を実現できます。右派は党外の支持も得られません。

自民党にも、右派社会党にも票を入れない有権者は、マスコミや学会などのリベラル層の影響を受けて、左派社会党に票を入れていきます。左派社会党が自民党への批判票を集めて勢力を拡大するのに伴い、右派社会党は居場所をなくしていきます。

左派社会党の勢力が拡大しても、社会党の政権担当恐怖症は治りません。そのような状況で「自民党一党だけでは、健全な政権交代が起きなくて将来が大変だ」と考えた社会党内の真人間が、右派社会党を飛び出していきます。社会党内で最右翼の西尾末広が、昭和三十四（一九五九）年十月二十五日に離党をします。西尾は、西尾派の国会議員三二人（衆議院議員二〇人、参議院議員一二人）を連れて、昭和三十五（一九六〇）年一月二十四日に「民主社会党」を結党します。民社党です。

この時期から「社会党の斜壊党化」が始まります。「右派社会党の真人間が離党する──→過激な左派社会党の発言力が高まる──→真人間が社会党に寄りつかない──→右派社会党の真人間が離党する──→以下無限ループ」の、社会党が左傾化していく流れです。

昭和三十五年十月十二日、解散総選挙が近づく情勢の中、日比谷公会堂で自民党・社会党・民社党の三党首演説会が開催されました。この演説会で事件が起こります。社会党の浅《あさ》沼《ぬま》稲《いね》次《じ》郎《ろう》委員長が演説中に一七歳の右翼少年・山口《やまぐち》二《おと》矢《や》に刺殺されました。「浅沼稲次郎暗殺事件」です。

この暗殺事件の翌日は、社会党大会が開催される予定日となっていました。浅沼稲次郎委員長の追悼大会となった社会党大会は、江《え》田《だ》三《さぶ》郎《ろう》書記長を委員長代行とし、「浅沼委員長のしかばねをこえて」総選挙を戦うことを決議します。同年十一月二十日、第二十九回衆議院議員総選挙が行われます。選挙の結果は、自民党二九六議席（一三議席増）、社会党一四五議席（二三議席増）で、自民党・社会党の二大政党は議席を増やしています。浅沼稲次郎暗殺事件の同情票が社会党に流れて大幅に議席を増やしたのに対して、民社党は選挙前の四〇議席から一七議席へと二三議席も減らす大敗を喫します。これ以降、民社党は政権を担う意志はあったのですが、二度と這い上がれない政党になってしまいました。

民社党が大敗し、社会党は左傾化がさらに進行するという状況で、自民党に不満を持つ有権者は、不満がありながらも我慢して自民党に票を入れるという状況が続きます。社会党は政権を担う気がありませんので、自民党政権が延々と続きます。実質的に、自民党政治に対する承認投票をしているだけなので、選挙に行く意味がない状況でした。

それでも、日本経済が高度経済成長期で上手くいっている間は、この状態でも問題ありませんでした。ただし、景気が良い時は政権批判があまり起きないのですが、不景気になると政権批判が噴出してきます。

首相が池田勇人から佐藤栄作に代わっていた昭和四十一（一九六六）年の後半、政界で多くの疑獄事件が噴出していました。「黒い霧事件」と呼ばれます。

昭和四十（一九六五）年から日本経済は一時的な不況に入っていました。昭和三十九（一九六四）年のＧＤＰ（国内総生産）成長率が一七・六％に対して、昭和四十年のＧＤＰ（国内総生産）成長率は一一・三％と減少していました。その影響があり政権批判が高まったのです。政治家が汚職をするから政権批判が蔓延《はびこ》るのではなく、景気が悪いから政権批判が蔓延するのです。

ただし不況は一時的で、佐藤内閣が前内閣以上の高度経済成長を実現すると、自民党への批判は雲散霧消します。佐藤は池田の高度経済成長を批判していたのですが、池田の病気退陣後に政権を受け継いだら、池田の時以上にエンジンを吹かせる高度経済成長政策を行いました。

議会政治の本場であるイギリス憲政史には、「公約泥棒は恥ずべき行為。反対党の公約を盗んで政権を維持するくらいなら、いさぎよく下野せよ」との伝統があります。

しかし、日本人は公約泥棒に寛容です。野党、特に第一党である社会党は、建設的な政策を提言しません。結果、自民党内の派閥で反対派が時の政権の逆を言っても、自分が政権を取ったら過去の言動などなかったことにするのが伝統と化します。

有権者は怒ったところで、選択肢がありません。むしろ「政治は結果責任だから、自民党を批判しても仕方がない」との風潮にまで至ることとなります。

中選挙区制が野党利権の温床になる

ここで、日本の選挙制度について簡単に解説しておきます。平成六（一九九四）年の公職選挙法改正で、衆議院議員総選挙において小選挙区比例代表制が導入され、平成八（一九九六）年の第四十一回衆議院議員総選挙から実施されました。小選挙区比例代表制が採用される前は、中選挙区制が採用されていました。

比例代表制は各党の得票率に応じて議席を配分する制度で、死に票が少なく、少数政党に有利な制度です。そして、小選挙区制と中選挙区制の違いですが、一つの選挙区から一人だけを当選させるのが小選挙区制で、複数を当選させるのを大選挙区制と言います。日本の場合は、俗に中選挙区制と言われます。これは歴史に由来します。

明治の最初は一つの府県が一つの選挙区で、複数の人が当選しました。これに対して原敬が導入したのが、一つの選挙区から一人しか当選しない小選挙区制。その後、護憲三派が一つの府県に複数の選挙区を設け複数の人が当選できるようにしました。複数の人が当選できるので小選挙区制ではないけれども、前より選挙区が小さいので中選挙区制と呼称したのです。

この中選挙区制は人類最悪の制度です。算数の話です。

定数二の選挙区があったとしましょう。第二党は三四％の得票があれば、絶対に候補者を当選させられます。のみならず、第一党と同じ一人の議員を得られます。仮に第一党が第二党を上回る議席を得ようと思えば、六七％の得票が必要かつ、上手く票を割らねば死に票となります。これを「票割り」と言いますが、自分の支持者に「お前はこっちの候補に、お前はあっちの候補に」と命令できる組織政党が強くなります。「票割り」は民主制とは何の関係もない単なる選挙技術ですが、中選挙区時代はこれを差配できる人が選挙の達人と呼ばれました。戦前だと安達謙藏、戦後だと小沢一郎などは「票割りの達人」だったと語り継がれます。つまり定数二では、三四％の人は六六％の人と同じ権利を持ててしまうのです。欠陥制度です。

　仮に選挙民のリテラシーが高く、「第二党に第一党と同じ権力を与えない」との投票行動を取ったとします。それを二回連続でできるでしょうか？　仮にできたとしたら、与党の鉄板選挙区の出来上がりです。民主制が成立しません。

　それでも定数が三以上あれば、まだ救いがあります。たとえば定数五だと、自民党が二〜三議席を狙い、他の野党が残りを奪い合う、というふうに。ところが定数二だと、そうした競争すら起きません。今でも参議院選挙や地方選挙では定数二の選挙区が多々ありますが、基本的に無風状態で、公示日には当選者が決まっているような状態です。

　具体的に言うと、令和元（二〇一九）年参議院議院選挙では、定数二の選挙区は第一党の自民党と第二党の立憲民主党の有力候補が出馬すれば、当確です。これを覆そうとすれば、勢いのある第三党が出てこなければなりませんが、そうした政党の登場を困難にするのが中選挙区制の定数二です。

戦前日本人は、政友会の万年与党を切り崩した憲政会（民政党）が台頭したので、中選挙区制でありながら二大政党制を実現する快挙を成し遂げました。戦前政党政治の腐敗は第二章で見た通りですが、俯瞰してみると、日本人のリテラシーは高かったと言えます。

占領期に一度だけ中選挙区制をやめたのですが、すぐに戻してしまいました。そして運用は地獄絵図と化しました。具体的な事例を挙げながら解説していきます。

議席（おこぼれ）を死守する社会党

旧群馬県第三区は定数四人でした。昭和三十五（一九六〇）年十一月二十日、第二十九回衆議院議員総選挙あたりまでは、「自民党二人と社会党二人が当選」というように獲得議席が分かれていました。自民党から三人出馬すると落選する人が一人出るという感じでした。ちなみに、いつも落選していた自民党議員は小渕《おぶち》光平《みつへい》です。小渕《おぶち》恵三《けいぞう》元首相の父親で、選挙は二勝四敗でした。自民党は党勢拡大を目指し、三議席を狙います。光平亡き後、恵三は必死で戦います。

昭和三十八（一九六三）年十一月二十一日の第三十回衆議院議員総選挙からの選挙結果は、

「自民党三に社会党一」と獲得議席が変わりました。この時に当選していた自民党議員は、福田《ふくだ》赳夫《たけお》、中曽根《なかそね》康弘《やすひろ》、小渕恵三の三人です。社会党議員は、昭和三十八年の時は栗原《くりはら》俊夫《としお》でしたが、昭和四十二（一九六七）年からは山口鶴男《やまぐちつるお》です。旧群馬県第三区の定数四人は、昭和四十二年から平成五（一九九三）年までの二十六年間にわたって、「福田赳夫・中曽根康弘・小渕恵三・山口鶴男」の四人が独占し続けました。

では、議席を一つ失った社会党はどうしたのか。二つ目の議席を取り戻しにいきませんでした。二つ目の議席を取りに行くよりも、一つの議席を獲得する方が簡単で確実に取りに行けるためです。小選挙区制の場合は、定数一人なので議席を確保するために否応なく争いが発生します。しかし、中選挙区制の旧群馬県第三区の定数は四人なので、候補者が五人いる場合は、一つの議席を獲得するのに全体の二一％の票を集めれば当選できます。実際には、その半分で確実に当選です。自民党が定数独占をするのはさすがに不可能なので、自民党が余らせた一議席をおこぼれという形で、社会党は一議席を死守していきます。社会党が一議席を死守することで、政権担当意志のある野党が伸びてくることを抑えられるので、自民党にとっても都合が良い状態でした。社会党にとって中選挙区制は、完全な「野党利権」となっていました。

かくして、山口鶴男の選挙活動は、「二人目の社会党候補を立てない」になります。実際、候補者が一人に絞られた時点で山口の当選は確実でしたから、本人の戦略としては合理的でした。選挙民を舐めていますが。群馬県第三区は常に福田と中曽根の一位・二位争い、小渕は共産党も出馬しているので油断せず、四位でも何でも当選しようと必死の戦いです。自民党の敵は自民党、派閥の争いは激化し、選挙民への供応は「料亭福田」「中曽根レストラン」と呆れられましたが、それでも最初から政権を狙いに行かないのに野党第一党に居座る社会党よりは、真面目に選挙をしていたと言えるでしょう。

では、都会の選挙区はどうかと言うと、こちらは与野党激戦になっていました。一例を挙げると、旧福岡県第二区は定数五人でした。昭和五十四（一九七九）年十月七日、第三十五回衆議院議員総選挙では、「三原朝雄《みはらあさお》（自民党）・多賀谷真稔《たがやしんねん》（社会党）・大橋敏雄《おおはしとしお》（公明党）・麻生太郎（自民党）・宮田早苗《みやたさなえ》（民社党）」と見事に割れています。昭和五十五（一九八〇）年、第三十六回衆議院議員総選挙では、「三原朝雄（自民党）・麻生太郎（自民党）・宮田早苗（民社党）・大橋敏雄（公明党）・小沢和秋《おざわかずあき》（共産党）」という結果になり、社会党が共産党に議席を奪われました。その次の、昭和五十八（一九八三）年、第三十七回衆議院議員総選挙では、社会党の幹部の多賀谷真稔が一位当選で舞い戻ってきて、「多賀谷真稔（社会党）・大橋敏雄

（公明党）・三原朝雄（自民党）・宮田早苗（民社党）・小沢和秋（共産党）」と、五大政党そろい踏みとなりました。この時は麻生太郎が落選しています。

　麻生さんは地元の麻生財閥の御曹司で、本人も麻生セメント株式会社の元社長でした。「麻生太郎専用の小学校を作った」とか「初出馬の時に〝下々の皆さん〟と挨拶した」とか数々の伝説が残っていますが、そんな麻生さんも若き日は苦汁をなめています。ただし、野党と競争したのではなく、与党同士の潰し合いです。

　都会の選挙は、「受かりやすく落ちやすい」と言われました。

　このように、自民党が田舎の支持基盤をガッチリ押さえて、余った議席をおこぼれとして社会党が死守し、他の野党は田舎で議席を取れませんでした。都市は全政党がそこそこ対等に票争いをする構図です。

自民党の補完政党となった社会党

　ここまでの話を読んで、「田舎は自民党が議席を押さえているから、社会党は都市の議席を徹底的に取りに行けばいいのではないか？」と思う人もいるかと思います。残念ながら、社会党には意志がありません。都市の議席を徹底的に獲得していれば、戦前の二大政党制の一翼を担った民政党の替わりになれたでしょう。社会党も民政党と同じく都市の有権者を支持基盤にする政党でした。ですが、社会党は、「公明党・民社党・共産党」の勢力が都市に出てくると、中選挙区制の特性を活かして田舎で生き残る方法を選択します。

社会党以外の野党は、都市では対等に議席を争うことができても、自民党のおこぼれとして社会党が田舎の議席を獲得している状況では、野党第一党が社会党のままで固定されてしまいます。社会党は中選挙区制を利用して自民党の補完勢力になり、野党第一党を死守する道を選びました。

戦前は同じ中選挙区制で、政友会と民政党は対等に戦って、選挙の度に政権交代をしていました。政友会は田舎を支持基盤に、民政党は都市を支持基盤にしていました。昭和三十（一九五五）年に自民党が結党された後は、都市を支持基盤にする民政党の替わりが社会党になったはずなのですが、あまりの不甲斐なさに他の野党が都市の議席を奪います。

都市政党だった社会党が、地方政党である自民党の補完政党になることで不利益を被る人たちがいました。都市の有権者です。戦前は、都市政党として民政党が都市の人々の意見を政治に反映していました。それが、社会党が地方補完政党になることで都市の人々の意見が政治に反映されなくなります。地方利益代表の自民党を野党第一党の社会党が補完すれば、

表3-3　田舎は自民党が議席を押さえている

時代	地方	都市	備考
戦前	政友会の地盤。民政党が切り込む。	民政党の地盤。政友会が切り込む。	有権者、呆れる。
1950年代	自民党の地盤。	社会党の地盤。だが、自民党が多数。	有権者、そういうものだと思っている。
1960年代	自民党の地盤。	野党の多党化。	有権者、経済成長しているので不満ではない。
1980年代	自民党の地盤。社会党がおこぼれ。	自民、社会、他の野党が共存。	都市の不満が、封じ込まれる。
1990年代以降	自民党の地盤。	民主党の地盤。	第三党以下は、どこにも発言権がない。

公明党や民社党は太刀打ちできません。

こうした矛盾を解消していたのが、高度経済成長です。都市で人々の意見が反映されないことで、都市で稼いだお金を自民党が地方にばら撒くことができて、富の公正配分が図れて、高度経済成長期を支えたという側面もありました。

都市で稼いだお金を地方にばら撒く政策は、経済成長をしていた時代は、都市の人々も豊かになっていたため不満が出ない状況でした。ですが、経済成長をしないのに自民党が都市で稼いだお金を地方にばら撒き続ければ、都市の人々に対する搾取でしかありません。これは、自民党に票を入れる一部地方の業界団体、後援会だけが肥え膨らむという構造です。

選挙制度が中選挙区制から小選挙区制に変わっ

ても、この構造は変わらずにむしろ悪化しています。令和二（二〇二〇）年三月二十六日、日本のみならず世界中で感染拡大が続く新型コロナウイルスによって日本経済は大打撃を食らっていました。そのような状況で、コロナ対策の一環として、自民党の農林・食料戦略調査会は農林部会会合を開きました。この会合で「前例のない思い切った措置」として出てきた案は、和牛券を国民に交付するという提案でした。それに対し漁業団体を支持基盤とする議員たちが「魚介券」を言い出しました。以下議論百出、我も我もと自分の支持基盤の業界団体に補助金を寄こせと言い出しました。

それに対して、自民党と連立を組む公明党は、「国民一人あたり十万円の一律給付」を実現させます。

自民党と公明党は連立を組む与党ですが、この発想の違いはなぜ起こるのでしょうか？

それは、自民党は地方政党で、公明党は都市政党であるからです。地方政党の自民党は、都市のお金を集めて地方にばら撒くということで政権を維持してきました。だから、自民党の優秀な議員は、「限られた予算を如何に地元の選挙民のために分捕ってくるか」しか頭にありません。それに対して、都市政党の公明党は、全国の都市全体が選挙民であるため、国民全体を視野に入れた政策を考える頭があります。国民全体を豊かにするという発想は、都市政党の発想なのです。

創価学会を唯一最大の支持母体とする宗教政党である公明党が、国民全体を豊かにするという発想をすると言われると、違和感があるかもしれません。しかし現実には、「和牛券」「魚介券」に代表される利益誘導のバラマキしか頭にない自民党に対し、公明党の現実的な提案によってコロナ禍の不況が緩和されました。それは、「与党ボケ」して真面目な政策を考える能力をなくした自民党に対し、公明党が二十年以上の与党経験で政策能力を向上させたことが理由です。ただ、本質的には都市政党だから「国民全員給付」の発想が出てくるのです。

高度経済成長を終わらせた田中角栄

昭和四十六（一九七一）年、日本は二つのニクソン・ショックに襲われます。第一のニクソン・ショックは、昭和四十六年七月十五日のアメリカのニクソン大統領による中華人民共和国への訪問宣言です。ここからアメリカの外交政策は転換し、ソ連を孤立させるためなら共産主義国とも手を組むようになり、米中接近に向かいます。第二のニクソン・ショックは金本位制からのアメリカの離脱です。同年八月十五日、ニクソン大統領は金とドル紙幣の交換停止を含む一連の経済政策を発表しました。その結果、日本の「一ドル＝三六〇円」の固定相場制が終了し、管理通貨制へ移行していきました。日経平均株価は八月十六日から十九日までの四日間で五五〇円も下落するという大打撃を受けました。

二つのニクソン・ショックの影響で、自民党を支えてきた日米安保と高度経済成長の二つの柱が大きく動揺します。ニクソン・ショックの翌年、昭和四十七（一九七二）年七月七日に第一次田中角栄《たなかかくえい》内閣が成立します。田中角栄と言えば、「日中国交正常化」と「日本列島改造計画」が有名です。昭和四十七年九月二十九日に、田中角栄が中国の周恩来《しゅうおんらい》首相と北京で「北京政府を中国の正統な政府と看做す」という日中共同声明を行います。教科書では、田中内閣の外交功績として日中国交正常化と書かれることが多いです。台湾政府を切り捨てて北京政府を中国の正統政府に切り替えたことが果たして功績なのかは、極めて疑問ですが。

一方、内政において採用された田中角栄の経済政策「日本列島改造計画」は、大失敗となりました。人口格差の是正、全国二十万都市の実現など、日本中に公共事業をばら撒く政策でした。田中内閣が初めて組んだ予算編成は、昭和四十八（一九七三）年度予算です。当時の大蔵省は、昭和四十六年のニクソン・ショックの影響から回復してきて、景気がインフレ傾向だから予算を抑制するべきだと考えていました。ところが、その時の大蔵省幹部、鳩山《はとやま》威《い》一郎《いちろう》大蔵事務次官、相沢英之《あいざわひでゆき》主計局長、高木文雄《たかぎふみお》主税局長の三人は、田中角栄の「私兵」と呼ばれるほど、田中角栄に言われるままに放漫予算を受け入れます。

こうして、田中内閣が就任して最初の昭和四十八年度予算は、前年比で二四・六％増の空前絶後の放漫予算となります。田中角栄は、社会保障費が多分に盛り込まれている放漫予算を「福祉元年度予算」などと自画自賛していました。

結果として、昭和四十七年のインフレ率四・九％から、昭和四十八年のインフレ率は、一一・七％に上昇していきます。さらに、昭和四十八年十月六日、第四次中東戦争が勃発し、ペルシャ湾沿岸六カ国（ＯＰＥＣ加盟諸国）は敵性国家イスラエルに加担する国には石油を売らない方針を決定したと世界中に宣言をします。日本にも石油ショックという形で影響が伝わり、原油価格の値上がり、物価全体の急激なインフレにつながりました。田中内閣の放漫予算でインフレ率が上昇している時に、さらなるインフレ要因が発生した結果、昭和四十九（一九七四）年はインフレ率が二三・二％へと急激に跳ね上がります。高度経済成長期で七～一三％ですから、異常なインフレです。狂乱物価と呼ばれる状況に日本経済は陥り、それまで続いていた高度経済成長は終わりました。高度経済成長を終わらせた犯人は、インフレ時にさらなるインフレを加速させた田中角栄です。

腐敗した自民党に苛立つ有権者

このような誤った経済政策をとった田中内閣は、選挙においても敗北を繰り返します。田中角栄が選挙に強いイメージを世間では持たれがちですが、昭和四十四（一九六九）年と昭和五十五（一九八〇）年の選挙で大勝した時の印象が強く持たれているだけです。田中角栄は選挙に意外と負けています。特に現職首相時代は、国政選挙で〇勝二敗です。

昭和四十七（一九七二）年十二月十日、第三十三回衆議院議員総選挙が行われます。田中は日中国交正常化の成果と日本列島改造計画の必要性を訴えて選挙を戦いました。しかし結果は、前回の選挙に比べて一七議席を減らす敗北となります。それでも安定多数は維持していますが。

昭和四十九（一九七四）年七月七日の第十回参議院議員通常選挙では、企業ぐるみ選挙と呼ばれるほどの金権選挙となりました。自民党が使った選挙費用は、五百億円から千億円と言われており、集票のために経団連や東京商工会議所も巻き込む「企業ぐるみ」作戦をしました。しかし、選挙の結果、自民党は五議席を減らす敗北となります。このあたりから自民党の金権体質がマスコミに叩かれるようになります。池田勇人が自民党総裁選で三選を果たした時も、池田の秘書である伊《い》藤《とう》昌哉《まさや》が「常軌を逸していた」と評するほどに金まみれの総裁選だったのですが、高度経済成長期だったおかげでマスコミはあまり騒ぎませんでした。それに比べて、田中角栄の金権政治批判が高まった理由は、景気が悪くなってマスコミも世論も余裕がなくなってきていたためでした。

ただし、田中政権の自民党は、衆議院選挙と参議院選挙を続けて敗北しますが与党の座を降りることはありません。その理由は簡単です。金権政治で腐敗した自民党以外に政権を担当できる政党が存在しなかったためです。負けと言っても過半数を割ったわけではなく、第一党の地位は維持しているのです。第二党の社会党は、衆議院で自民党に二七一議席に対して一一八議席、参議院で一二六議席に対して六二議席。とうてい、自民党を脅かす地位にはありませんでした。社会党が他の野党の議席を抑えてくれる構造なので、自民党を脅かす政党はありません。それでも角栄が行った二つの選挙で、有権者は苛立ちを示し始めました。

そうした動きに呼応するかのように、他の野党で目立つ動きがありました。昭和四十九（一九七四）年十二月二十八日、作家の松本《まつもと》清張《せいちょう》が立会人となり、創価学会の池田《いけだ》大作《だいさく》会長と共産党の宮本《みやもと》顕治《けんじ》委員長を握手させる、「創共協定」が結ばれました。自民党一党支配を打破するために天敵同士の創価学会と共産党を組ませた松本清張は、「この協定で、日本の流れは変るかもしれない。民衆の多くは歓迎するだろう」と自画自賛しています（松本清張

『作家の手帖』文藝春秋、一九八一年、三三四頁）。どうやら「薩長同盟」を作りたかったらしいです。ただ、当時の池田大作会長は、「党執行部には独自の実権ができていて、いまや党が学会を支配するくらいの傾向にある」と評される状態で（『作家の手帖』三三一頁）、公明党を抑えることができなかったようです。池田大作が会長就任する時に〝承認〟をした先輩や同輩が公明党にいたことも原因のようです（『作家の手帖』三六三頁）。今では信じられないことです。

結局、創共協定が同盟としての実体化までに至ることはありませんでしたが、機能していればどうなっていたのか。本当に犬猿の仲の二人が、人生で唯一握手をした時でした。

自民党の党内抗争を傍観する社会党

自民党内では田中角栄と副総理の三木武夫が対立することになります。昭和四十九（一九七四）年七月七日の第十回参議院議員通常選挙で、定数一人の徳島選挙区に三木派に属する現職の久次米《くじめ》健太郎《けんたろう》がいたのですが、田中は後藤田《ごとうだ》正晴《まさはる》元警察庁長官を公認します。田中は後藤田を参議院全国区で擁立しようとしていましたが、後藤田が徳島地方選挙区での出馬に拘りました。これに対して三木派は、「目ン玉に手を突っ込んでかき回してきた！」と激怒し、徳島代理戦争と呼ばれる両派の激突になりました。この徳島代理戦争について詳しくは、小著『政争家・三木武夫』（講談社＋α文庫、二〇一六年）で書いておきましたが、元警察庁長官が立候補したら、日本最大の暴力団が選挙協力するというとんでもない選挙でした。選挙結果は、三木派の現職である久次米健太郎が再選することになりました。

なお、自民党同士の争いに、社会党は漁夫の利を狙うどころか、指をくわえて見ているだけでした。

参議院選後の昭和四十九年七月十二日、三木は副総理の辞表を田中角栄に叩きつけます。三木は記者会見の場で自民党の金権政治を痛烈に非難しました。ほどなくして福田赳夫大蔵大臣も辞表を出しています。三福連携で反主流派を形成、田中を揺さぶります。

三か月後の十月九日、『文藝春秋』誌の記事が発端となって、角栄の金脈問題と愛人スキャンダルが露見し、田中政権が急速に弱体化していきます。そして、三木武夫が三木派を引き連れて自民党を脱党するのではないかと噂になります。

実際に三木武夫は動いていました。田中首相退陣後の総裁ポストを大《おお》平《ひら》正芳《まさよし》、福田赳夫、三木武夫、中曽根康弘の四人で争っていました。その最中に三木は福田を露骨に恫喝しています。「もしこのまま行って大平君が総裁になるようなら自分は自民党を割って出る」「三木派四十人中十五から二十人は絶対についてくる。それで自民党は終わりだ。君はどうする?」と脅します。要するに、「自分を総裁にしなかったら、自民党そのものをぶっ潰すぞ」という意味で、三木は脱党して自民党政権を終わらせる気満々でした。この情勢で野党の民社党が、自民党の分裂に備えて動き出していました。

昭和四十年代後半、当時の民社党委員長であった西村栄一《にしむらえいいち》が「社会党・公明党・民社党」を統一した民主的革新政党という構想を打ち立てていました。民社党の春日一幸《かすがいっこう》委員長は、今回の自民党分裂の危機をチャンスと捉え動き出します。「社会党・公明党・民社党」による新党の党首に三木武夫を迎えて、三木新党を考えていました。ここに社会党は、数合わせの道具として政治の水面下で重要性を増しました。

昭和四十九年十一月二十六日、民社党の佐々木良作《ささきりょうさく》元委員長が三木武夫と密会し、「保革連合政権」について打ち明けています。春日一幸委員長は、状況によっては自民党の河野謙三《こうのけんぞう》の擁立も可能だと思っていました。春日一幸のこの動きは、自民党の椎名悦三郎《しいなえつさぶろう》副総裁の耳に入ります。三木武夫が三木派四十人を連れて脱党したら、自民党は過半数割れになってしまいます。金権政治で世論の指弾を浴びて党そのものが壊滅するのではないか、という結党以来の危機に自民党は直面します。ですが、三木の脱党は実行されませんでした。椎名が回避したからです。

中選挙区制の構造的欠陥により「三木おろし」成功

昭和四十九（一九七四）年十一月三十日、椎名は自民党本部で派閥実力者たちと会合をし、自分を総裁候補から外して、候補者を三木・大平・福田・中曽根の四人とすると発表しました。翌日の十二月一日、椎名は四人を自民党総裁室に呼び、三木を後継総裁に指名します。椎名裁定です。これにより三木脱党と自民党の下野は免れました。

昭和四十九年十二月九日、三木武夫内閣が成立します。弱小派閥なので、田中・福田・大平の三大派閥に振り回されます。しかし、熟練の党人政治家の三木は、「三木おろし」をかわし続けます。いつでも野党と組む構えでした。

そこで昭和五十一（一九七六）年二月、ロッキード事件という世界を股にかけた贈収賄スキャンダルが、アメリカから突如として飛び込んできます。ロッキード社が航空機を売り込むために世界各地の政府高官に賄賂をバラ撒いたという疑惑が、アメリカ議会の公聴会で取り上げられたのです。その際に、田中角栄やその他の政府高官が賄賂を受け取ったという証言が出て、事件が日本にも飛び火しました。賄賂を受け取ったとされる政府高官は「灰色高官」と呼ばれました。

三木首相はアメリカのフォード大統領に親書を送り、捜査への協力を依頼しました。フォード大統領もこれに応え、「灰色高官の名前」を記した親書を送ります。三木首相は「フォード大統領から灰色高官の名簿を入手した」と発表しますが、あえて公開しないまま持ち続けます。

そして、三木首相は検察を使って前首相の田中角栄を追い詰めていきます。積極的に田中角栄を逮捕したがっているのではないかと思われる行動を繰り返し、「逆指揮権発動」ではないかと囁かれます。結局、昭和五十一年七月二十七日、検察庁は田中角栄前首相を逮捕しました。

自民党は恐怖のどん底に叩き落とされました。灰色高官の名簿に名前が載っていようがいまいが、三木が何かをほのめかせば、誰の政治生命でも奪われかねない状況だからです。自民党保守本流の田中派・大平派・福田派は恐怖のあまり結束し、「田中が逮捕された以上、もうロッキード隠しとは言わせない」という大義名分で猛然と三木おろしを始めます。田中角栄は八月十七日に保釈され、十九日には三木おろしのために挙党体制確立協議会（挙党協）が立ち上がります。

挙党協は、三木派と中曽根派以外の全派閥で結成し、自民党議員の三分の二以上が参加をしました。福田と大平を含む三木内閣の十五人の閣僚も入っています。三木派の五人の閣僚対三木おろし十五人の閣僚がぶつかり合います。十五閣僚は三木による解散を封じて辞任に追い込もうという勝負に出ます。挙党協と三木の間で「辞めろ」「辞めない」の対立が続く中、九月に臨時国会召集を宣言し、反三木派の十五閣僚を罷免して、自派の五閣僚に三つずつポストを兼任させてでも解散をする構えを見せます。挙党協は十五閣僚罷免で解散強行という奥の手をチラつかされて、妥協せざるを得ませんでした。三木は三木で解散強行は寸止めにして、妥協策として内閣改造を行います。とは言うものの、三木も自らの手で解散できませんでした。これが政権の致命傷になります。

その後、三木内閣は戦後初めての任期満了による総選挙となり、三木派と挙党協が事実上の分裂選挙を戦いました。昭和五十一年十二月五日、第三十四回衆議院議員総選挙の結果、自民党は一六議席を減らして二四九議席になり、自民党として史上初の過半数割れをする大敗になりました。三木武夫がこの選挙に勝てなかった理由は二つあります。

一つ目の理由は、国民支持率を三木武夫が読み違えたためです。当時、自民党の約七割が三木おろしに走っていました。これで国民支持率が七割あれば三木内閣は生き残ったかもしれませんが、現実には約四割でした。国民に支持された総理を引きずりおろせば自分が選挙に落ちますが、約四割では怖くありません。「どうせ国民は自民党を支持するしかない。多少のことがあっても忘れてくれる」が自民党の本音であり、そうした驕りを制裁する方法を有権者は持ち合わせていませんでした。

ちなみに、「青木率」という言葉が飛び交っていますが、あれは間違いです。人口に膾炙《かいしゃ》している「青木率」は「内閣支持率と与党支持率が足して百を切れば政権の危険信号」ですが、嘘です。海部《かいふ》俊樹《としき》内閣なんて、内閣支持率も自民党支持率も最後まで高かったのに、党内の多数が敵に回ったら三日で潰れました。内閣支持率と与党支持率は、比例します。本当の「青木率」は、「内閣支持率と与党内支持率」です。この二つはえてして相反します。「マスコミの寵児が党内の嫌われ者」は自民党の常です。最近でも名前は挙げませんが、「石破、河野、進次郎……」と。

それはさておき、青木とは小泉《こいずみ》純一郎《じゅんいちろう》内閣を支えた青木幹雄《あおきみきお》。政局の達人です。小泉内閣は、「党内に抵抗勢力を抱えているので国民の支持率だけが頼り」「国民の人気は高いけれども、党内の抵抗が強く不安定」というイメージを演出しました。しかし、小泉と青木の二人が組めば常に党内の過半数でした。

話を戻すと、総理大臣は自民党内世論と国民世論、相反する二つの軸足で立たねばならないのです。三木は自民党を敵にしすぎ、国民からもそれほど期待されませんでした。

二つ目の理由は、選挙制度が中選挙区制なので、有権者である国民が誰に投票すればいいのか分からなかったためです。同じ自民党内から三木派の候補者と、反三木派の挙党協からの候補者が出馬し、野党の候補者もいるという状況でした。自民党のどちらの候補者に投票すれば、自分の投票意思が通るのかが分からないのです。

平成の時代に同じようなことがありました。小泉純一郎政権時の郵政解散です。

平成十七（二〇〇五）年、小泉首相が「改革の本丸」と位置づけ、何十年も前から持論としてきた郵政民営化法案に対して、党内から反対論が続出しました。野党だけではなく自民党内からも棄権や反対投票が出て、衆議院でギリギリ可決したものの、参議院で否決されてしまいます。小泉首相は「参議院で否決されたら解散総選挙を行う」と採決前から宣言していた通り、衆議院を解散します。「郵政解散」です。

郵政解散において小泉首相は、郵政民営化法案に反対票を投じた自民党議員の選挙区に「刺客」を立てました。全選挙区に郵政民営化に賛成の候補を立てました。多くの選挙区で、「小泉支持派」「造反議員」「その他野党」が乱立しましたが、一人しか当選しない小選挙区制なので有権者が取るべき投票行動は明快です。郵政民営化法案に賛成の議員が当選すれば、国民が郵政民営化法案に賛成しているという証明になります。選挙の結果、郵政民営化法案に反対した造反議員の大半は落選し、郵政民営化法案を参議院でも可決させます。小泉首相が郵政解散で反対派の選挙区に刺客を立てるという手法は、一つの選挙区から一人だけを当選させる小選挙区制だから可能でした。

それに対して、三木武夫が衆議院選挙で、反三木派の自民党議員の選挙区に刺客を立てられなかったのは、一つの選挙区から複数の候補者を選ぶ中選挙区制だったためです。三木派の当選者と反三木派の当選者が同じ選挙区から誕生するため、選挙を通して反三木派の勢力を潰すことができなかったのです。したがって、三木内閣を国民が支持していたと仮定しても反三木派が選挙で当選してしまうので、三木おろしを防ぐことができません。国民の支持がある総理の意志が通らないという、中選挙区制の構造的欠陥を表しています。

「世論の風」が選挙結果を左右する時代に

自民党の源流である政友会と民政党はそれぞれ地方の地主と都市のインテリを支持基盤とし、地方を握った方がずっと勝ってきたのが日本の政治です。しかし、昭和五十一（一九七六）年の総選挙以降、「支持政党なし」の無党派層が発生し、選挙結果を左右する「世論の風」としての存在になっていきます。風が起きないことも含めて風で、世論の風を引き寄せた方が勝つようになります。

三木政権：昭和五十一年（一九七六年）第三十四回衆議院議員総選挙〈ロッキード解散〉
　ロッキード事件と三木おろしへの反感が高まり大敗。河《こう》野《の》洋《よう》平《へい》など自民党を離党した若手親中派議員が結成した新自由クラブが躍進した。

大平政権：昭和五十四年（一九七九年）第三十五回衆議院議員総選挙〈増税解散〉
　一般消費税導入を訴えて大敗。与野党伯仲国会になる。

大平政権：昭和五十五年（一九八〇年）第三十六回衆議院議員総選挙〈ハプニング解散〉
　選挙期間中に大平総理が急逝したことにより、同情票で大勝。

中曽根政権：昭和五十八年（一九八三年）第三十七回衆議院議員総選挙〈田中判決解散〉
　田中角栄有罪判決で大敗。伯仲国会で新自由クラブとの連立を余儀なくされる。

中曽根政権：昭和六十一年（一九八六年）第三十八回衆議院議員総選挙〈死んだふり解散〉
　衆参同日選挙を断行して大勝。

海部政権：平成二年（一九九〇年）第三十九回衆議院議員総選挙〈消費税解散、体制選択解散〉

消費税の是非が最大の争点になってもおかしくないところを、「自由民主主義政権か、社会主義政権か」「体制選択選挙だ！」と煽りまくり、議席は減らしたものの安定多数を獲得。

宮澤政権：平成五年（一九九三年）第四十回衆議院議員総選挙〈嘘つき解散、政治改革解散〉

小沢一郎が自民党を離党して新生党を結成。日本新党も躍進し、新党ブームにより自民党大敗。野党に転落。

橋本政権：平成八年（一九九六年）第四十一回衆議院議員総選挙〈小選挙区解散〉

特に風はなく与党を確保。

森政権：平成十二年（二〇〇〇年）第四十二回衆議院議員総選挙〈神の国解散〉

意外と風が起きず、与党を確保。この時に森首相は、「無党派層は選挙に行かないで寝ていてくれ」と失言をしたが、「逆風が吹かなければ負けない」という本音が表れている。

小泉政権：平成十五年（二〇〇三年）第四十三回衆議院議員総選挙〈マニフェスト解散〉
　小泉ブームで大勝。
小泉政権：平成十七年（二〇〇五年）第四十四回衆議院議員総選挙〈郵政解散〉
　史上最高の大勝。
麻生政権：平成二十一年（二〇〇九年）第四十五回衆議院議員総選挙〈政権選択解散〉
　大逆風。民主党に大敗して野党に転落。
野田政権：平成二十四年（二〇一二年）第四十六回衆議院議員総選挙〈近いうち解散〉
　大逆風で民主党が野党に転落。
第二次安倍政権：平成二十六年（二〇一四年）第四十七回衆議院議員総選挙〈アベノミクス解散〉
　特に風はなし。与党を確保するも、共産党が躍進。

ここから後の総選挙は後の章で。風の重要性は増しています。
そして、徐々に「支持政党なし」の層が、社会党の支持率を上回っていきます。

【政党支持率】

毎日新聞	75年9月19日〜22日	自民40	社会20	支持なし21
	76年5月21日〜24日	自民34	社会17	支持なし33
読売新聞	75年12月6日〜7日	自民38・8	社会17・4	支持なし25・9
	76年3月21日〜22日	自民35・3	社会17・7	支持なし28・5
朝日新聞	75年11月17日〜18日	自民33	社会17	支持なし6
	76年3月9日〜10日	自民28	社会16	支持なし6

（松本正生『政治意識図説』中公新書、二〇〇一年）

昭和五十一年の衆議院議員総選挙では、河野洋平が新自由クラブを結党して、自民党を脱党していきました。新自由クラブはこの選挙における「世論の風」の勢いを受けて五議席から一七議席に躍進する場面がありました。ですが、その後の選挙では新自由クラブに風は吹かなかったため、この時が新自由クラブの最大議席数となります。

ここで大事なことは、自民党が選挙で負けることが政権を失うことにつながらないということです。選挙の結果、自民党が議席を減らすことで自民党内に派閥抗争が起きて疑似政権交代が起きます。田中角栄も三木武夫も選挙で議席を減らし、発生した派閥抗争で負けたために、疑似政権交代につながりました。選挙に勝てない総理総裁は引きずりおろされる時代に突入していきます。

第四章

日本社会党——史上最悪の野党第一党

成田知巳――腐敗した自民党以上にグダグダだった社会党

ここまで自民党の派閥抗争から、創共協定や民社党の新党結成に向けた行動について紹介してきました。ところで、野党第一党の社会党は何をしていたのか。

日本の運命にまったく関わっていませんでした。

昭和四十三（一九六八）年から成田《なりた》知巳《ともみ》という人物が社会党委員長を務めます。「辞める、辞める」が口癖の成田は、事あるごとに「辞める」と言い出し、そんな成田に代わる人がいないので、委員長を留任し続けるという、グダグダな政党のグダグダな党首として過ごします。その間、左派社会党内では親ソ派と親中派の争いが繰り広げられていました。一方、右派社会党はどこかに追いやられています。

成田が委員長に就任した時の首相は佐藤栄作でした。その佐藤首相に有効な攻撃を加えたのが野党第一党の社会党……ではなく日本共産党でした。昭和四十二（一九六七）年四月十五日に開かれた東京都知事選挙にて、美濃部《みのべ》亮吉《りょうきち》を当選させています。

京都では、昭和二十五（一九五〇）年から七期二十八年間にわたって独裁者として君臨する蜷川《にながわ》虎三《とらぞう》府知事を支えます。共産党が東西の都で革新知事を当選させ続けます。

成田委員長が率いる社会党は基本的に共産党についていくだけでした。国会議員の数だと社会党が多いのに、優秀な共産党が主導権を握ります。社会党推薦で当選していた蜷川虎三府知事もいつのまにか共産党を与党にしていました。社会党が、革新勢力の間でも無能と思われていた証拠です。

社会党では、左右の派閥抗争が激化していました。左派社会党の佐々木《ささき》更三《こうぞう》が昭和四十五（一九七〇）年十二月の党大会にて全野党共闘路線を採択させて、日本社会党と日本共産党の「社共共闘」路線を打ち出します。右派社会党は「社公民」路線で中道の公明党と民社党と組もうとします。民社党の中には、「自公民」路線を言い出す人もいました。野党は、革命を目指すのかと疑いたくなるような「社共」、野党連合で自民党を倒そうとする「社公民」、自民党の補完勢力として与党入りしたい「自公民」の三路線に割れていましたが、自民党は政権を独占する気満々なので、どれも実現しません。

その最大の理由は、高度経済成長が成功し、国民が自民党に対して不満を持たなかったからです。自民党に政権を任せておけば大丈夫。安心して（?）、社会党は派閥抗争に明け暮れていました。

佐藤内閣も経済政策は上手くいっていたけれども、黒い霧事件などの政界汚職が続発して、少しくらいは国民も不満を抱きます。しかし、「野党第一党が成田委員長の社会党では……」

と考えてしまいます。黒い霧事件の最中に行われた昭和四十二（一九六七）年第三十一回衆議院議員総選挙で自民党が一四議席を減らす中、社会党も三議席減らします。その次の昭和四十四（一九六九）年第三十二回衆議院議員総選挙では自民党が大勝し、社会党は五一議席減という大敗をします。

むしろ、主要都市の首長を奪うなど、社会党よりも共産党の方が真面目に自民党と戦っています。自民党の副総裁だった川島正次郎《かわしましょうじろう》は「七〇年代は自共対決の時代になる！」と警告をしていました。どれほど社会党が怖くなかったか。

その成田が佐藤に一矢報いたと言えるのが、重宗おろしです。

重宗おろしの詳しい内容は小著『政争家・三木武夫』（講談社＋α文庫、二〇一六年）に書きましたので、簡単にお話しします。佐藤内閣の当時、自民党反主流派の三木武夫が参議院議長の重宗雄三《しげむねゆうぞう》を共産党を含めた野党と組んで引きずりおろした政争のことです。

参議院議長に三期九年間もの長期にわたり君臨してきた重宗雄三を、三木武夫が河野謙三（河野一郎の弟）と入れ替えるために動きました。三木派が造反し、共産党を除く全野党が議長選挙の時に河野に票を入れても、佐藤派の票数には勝てない状況でした。そこで三木は毎日新聞記者の三宅久之《みやけひさゆき》を使者にして共産党の宮本顕治書記長を説得します。こうした動きを見た佐藤は評判の悪い重宗では勝てないと見て、木内《きうち》四郎《しろう》という人物を候補に立てます。共産党は常に自党へ投票しますが、それをやられると木内が勝ってしまいます。そこで、社会党の阿具根《あぐね》登《のぼる》議員が「河野に票を入れなかったら、利敵行為と見なす」と共産党議員を恫喝します。結果、共産党も含めた全野党の支持で河野が議長選挙に勝利しました。共産党まで利用して権力闘争を仕掛けた三木武夫に社会党は乗っただけであり、社会党でも阿具根議員が活躍しただけで、成田は存在感なしでした。以上が成田知巳の政治人生の中で唯一の勝利である、重宗おろしの一幕でした。もっとも、成田は社会党内での派閥抗争で勝利したから委員長なのですが、それらは日本の運命と何の関係もないので数えません。

その後、「三角大福中」が自民党で権力闘争をしている時代、成田委員長は田中内閣を揺さぶる共産党と連合を組み、その共産党が公明党と組んでいるので、追随していきます。野党第一党は社会党のはずですが……。

ただし、共産党が本気で自民党を攻撃しているのに、社会党は隙あらば自民党と取引をします。三木は党内基盤が弱く、続く首相の福田赳夫は衆議院でギリギリの過半数しか持っておらず、野党の協力がないと円滑な政権運営ができませんでした。

福田赳夫内閣で重用されたのが、金丸《かねまる》信《しん》です。金丸は当時としては異例の、閣僚経験のある国対委員長になりました。社会党の田辺《たなべ》誠《まこと》国対委員長とは「盟友」関係で、金丸は田辺に花を持たせるために三千億円減税にも応じます。この時の大蔵省は、自分たちの作った予算が国会で修正されたことで敗北感を味わったとか。大蔵省はあくまで予算「案」を編成するのが仕事のはずですが、いつしか国会は承認機関と化していました。国会議員が予算に注文があれば、予算編成期に大蔵省主計局に通い詰めて「認めてもらう」のが長年の習慣となっていました。そして、「主計局に予算を認めてもらえるのが優秀な自民党議員」との文化が出来上がります。これでは、政治家は大蔵省に頭が上がらない関係になるに決まっています。それでも昭和時代の自民党は官僚の言いなりになるほど弱くはありませんでした。特に伯仲国会では、野党との交渉が予算や法律を成立させる決め手になります。官僚は自民党に頼り切りになりました。

　金丸は、自民党の派閥抗争にも野党を利用しました。わざと野党に政権批判の質問をさせて、大臣答弁で福田首相を牽制するといった芸当です。金丸のように、出世競争を勝ち上がっていく自民党政治家にとって、野党は道具でした。金丸は政治生活の大半を、竹下《たけした》登《のぼる》内閣成立に賭けました。その竹下も国対族です。

　竹下は長く国対副委員長を務め、社会・公明・民社の各党に人脈を張り巡らせます。竹下の口癖は「汗は自分でかきましょう。手柄は他人にあげましょう」で、国対委員長にはなりませんでしたが、国会対策に精通していました。たとえば、乱闘国会も完璧な脚本を書き、配役を割り振り、演出しました。委員長が強行採決を告げると、野党が全力疾走で委員長席に駆け寄る。自民党議員はワザと道をあけて通してから、委員長を守るべく人垣を作る。もみ合いで目立つのはカメラの前、アングルも計算の内……、とタイムスケジュールを秒単位で設定しています。そして「前の国会ではあいつは下働きをしたから、今度は机の上に飛び乗って目立つ役」「前の国会でこいつは目立ったから、今回はその机を支える役」というふうに、過去の貸し借り前提に目の前の配役を割り振り、未来をも見据えた運営をしていましたので、「竹下さんなら」と与野党ともに納得していました。

これ、単なる与野党の癒着なのですが。

成田委員長時代の社会党は主体性がないまま昭和五十二（一九七七）年七月十日の第十一回参議院議員通常選挙で四議席を減らす敗北をして、「辞める、辞める」が口癖の成田が本当に辞めることになりました。

飛鳥田一雄――史上最低の野党第一党党首

成田が委員長を辞任した後の社会党は、社会党名物の左右両派が入り乱れての内紛となります。次期委員長が決まらずに、最後は横浜市長の飛鳥田《あすかた》一雄《いちお》にお鉢がまわります。国会議員の目ぼしい候補が消去法で全員沈んだので、浮上してきただけです。

飛鳥田は、昭和二十八（一九五三）年四月十九日、第二十六回衆議院議員総選挙に左派社会党から立候補をして当選し、党内最左派の平和同志会に属していました。その後、昭和三十八（一九六三）年の横浜市長選に社会党の公認を受けて出馬し、当選を果たします。

ベトナム戦争終盤の昭和四十七（一九七二）年、ベトナム戦争で破損した戦車を相模原総合補給廠《しょう》で修理し、横浜ノースドックへと輸送しているトレーラーの通行を、市民が反戦運動として止めるという事態が発生します。「戦車闘争」「村雨橋闘争」などと呼ばれます。横浜市長である飛鳥田は、戦車を載せたトレーラーは、通行しようとしている村雨橋の重量制限を法的に超えているとして、車両の通行許可を出さず、市長自ら反米闘争を繰り広げました。飛鳥田横浜市長は革新首長の代表でした。

横浜市長になってからの飛鳥田は、国会へ復帰する意思を聞かれた際に、「中央のいやらしさ・わずらわしさ」を理由に、これを否定していました（畠山武『派閥の内幕』立風書房、一九七五年、一七六頁）。しかし、飛鳥田が横浜市長の現職を抱えながら社会党委員長に就任したのは、社会党内の既成派閥である佐々木委員長と江田書記長の力が弱まり、左派の社会主義協会の力が強まったためです。

左派勢力の応援を受けて社会党委員長に就任した飛鳥田は、非国会議員だったため昭和五十四（一九七九）年十月七日、第三十五回衆議院議員総選挙に出馬します。選挙に出馬するために横浜市長を辞任するのですが、地元民を説得できずに地元の横浜から出馬できませんでした。結局、縁もゆかりもない東京一区から出馬しますが、既に社会党の候補がいたために大喧嘩になります。飛鳥田は自分の選挙地盤を固めるのに精いっぱいで、他の候補者の応援に行けませんでした。社会党党首の威厳はゼロです。

こんなものは、史上最低の野党第一党党首となる飛鳥田一雄の〝伝説〟ではプロローグにすぎません。

「社会党に政権を渡すことは非常識」という常識

飛鳥田一雄が衆議院に当選を果たした昭和五十四（一九七九）年衆議院議員総選挙で、大平正芳首相が財政再建を掲げて増税を公約にしました。

田中角栄がインフレ期にインフレ政策で狂乱物価を招き、三木武夫はさらなる財政拡大をして歳入欠陥を引き起こします。次の福田赳夫は三十年ぶりに国会で予算を修正する羽目になります。このような状況だったため、財政再建を守ろうと大平は行動しました。ですが、昭和五十四年一月のイラン革命から始まった第二次石油ショックの最中の増税公約だったため、自民党は大敗し、昭和五十一（一九七六）年第三十四回衆議院議員総選挙で三木内閣が過半数割れした時よりも、さらに一議席減らす結果となりました。

選挙後、大平の増税公約が原因で大敗したので、自民党内から辞任を求める声が一気に強まります。福田派・中曽根派・三木派ら反主流派は一斉に大平辞任を求めて結束し、大平は田中派の支持を得てあくまでも続投を主張しました。ここから、自民党は四十日抗争と呼ばれる主流派・反主流派の激突に入ります。

昭和五十四年十月十五日に、四十日抗争の冒頭を飾る会談を大平正芳と三木武夫が行います。この会談で三木は「首相としての政治責任にケジメをつけてスジを通せ」と大平に迫りました。それに対して大平は「それじゃ、あなたは野党（社会党）に政権を渡せというのか」と切り返し、虚を突かれた三木は「そうではない」と引いてしまいます。

大平と三木の会話から分かるように、社会党に政権を渡すことは非常識だという前提がありました。かつて、三木武夫はＧＨＱのマッカーサーに「政策に失敗して総辞職した政府は、反対党に政権を明け渡すべきだ」と「憲政の常道」を語っていましたが、その三木ですら社会党には政権を任せられるはずがないと思っていました。

総理大臣は衆議院の首班指名で決まります。衆議院第一党は常に自民党であるため自民党総裁が勝ちます。だから、自民党総裁選挙が総理大臣を決める選挙なのです。昭和五十四年の総裁選では、主流派の大平派・田中派の大角連合は、総裁選挙を衆参両院議員総会でやろうとします。それに対して、反主流派の三木派・福田派・中曽根派の三福中連合は代議士会でやろうとします。

参議院を足せば大角連合が有利で、衆議院議員だけなら三福中連合が多くなります。十一月二日、大角連合が自民党総裁選に代わる両院議員総会の開催を決定します。

結局、反主流派は独自候補として福田赳夫を首班指名候補者に選びました。大平・福田の争いが続いてまったくまとまらない状況で、昭和五十四年十一月五日、首班指名選挙が行われることになります。

首班指名選挙とは衆議院議員が本会議における投票で首相を選ぶ行為です。首相として選ばれる議員は政党の党首から選ばれますが、自民党は総裁の大平と別に福田が首相候補になるという前代未聞の事態になりました。

当時の野党は社会党一〇七議席、公明党五八議席、共産党四一議席、民社党三六議席、新自由クラブ四議席となっており、大平・福田両陣営ともに野党の抱き込みにかかります。野党の中で真っ先に動いたのが民社党でした。委員長の春日一幸が福田との連携を見せていき、それに対抗する形で、田中角栄が公明党を抱き込みます。公明党も民社党も互いに牽制し合います。

首班指名選挙の前日、十一月四日、大平は「福田が首班指名に立つのなら党は分裂だ」と見て、その時は野党の新自由クラブと連立を組む決意を固めていました。大平側近の佐々木《ささき》義武《よしたけ》は、河野洋平・田川誠一《たがわせいいち》ら新自由クラブの首脳たちと接触し、ひそかに政策協定を結ぶ準備を始めていました（伊藤昌哉『自民党戦国史　下』ちくま文庫、二〇〇九年、一〇二頁）。

首班指名選挙日の十一月五日、夜中の二時に大平の側近である伊藤昌哉《いとうまさや》に河野洋平の参謀から電話がかかってきます。首班指名選挙で新自由クラブは大平に投票することを伝え、連立を組む気があるのかを確認してきました。

首班指名選挙の投票では、福田についた民社党と大平についた公明党も、互いに牽制し合い、自党の首班指名候補に投票をして自民党には入れませんでした。これが決定的な動きとなりました。三木派から二人を引き抜き、新自由クラブの四人を味方につけ、中曽根派から渡辺《わたなべ》美《み》智《ち》雄《お》が六人引き連れて大角連合に駆けつけたため、大平がかろうじて勝利しました。大平一三五票に、福田一二五票です。

　自民党は分裂し、決選投票では大平一三八票、福田一二一票となりました。社会党は衆議院で一〇七議席持っていましたので、他の政党から票を引き抜ければ首班指名選挙で党首の飛鳥田を首相にできるチャンスでした。しかし、社会党は行動せず、政権を担う気はやはりありませんでした。社会党は自他ともに「政局の圏外」と思われており、社会党が政権を目指すなんてあり得ないと思われていました。政権を取るのではなく、「目指すなんて」という体たらくです。

　こうして、数の上では社会党が首班指名選挙で勝利して政権を奪取できる状況でしたが、誰一人として、社会党の人間すら、「飛鳥田首相」など目指しもしませんでした。

　ちなみに、首班指名選挙後の大平は、新自由クラブと連立を組むという約束は反故《ほご》にしてしまいます。組閣の際に、新自由クラブの田川誠一を文相に据えようと考えたのですが、反主流派の反対意見に敗れて新自由クラブを切り捨てました。新自由クラブは大平に協力したのに大恥をかかされただけでした。

「ハプニング解散」――恒例のパフォーマンスが仇となる社会党

首班指名選挙から半年後、再び抗争が勃発します。通常国会の会期末になると野党が景気づけのために内閣不信任案を提出することが慣例化していました。どうせ自民党が否決をするので選挙になるわけがなく、野党の支持者に対して「我々はここまで頑張っています」とアピールするのが目的でした。いわば、「野党プレー」「野党ごっこ」です。

政権を取る気もないのに、野党がパフォーマンスで毎度内閣不信任案を提出すること自体がふざけているのですが、昭和五十五(一九八〇)年の通常国会でも、いつものごとく野党が内閣不信任案を準備し始めました。社会党も公明党も単なる景気づけの儀式だと思っているので、内閣不信任案提出で合意します。ところが、いつもは自民党が議会の多数を握っているため否決するのですが、この時は伯仲国会でした。自民党内には五大派閥(昭和五十年代は大平派・福田派・田中派・三木派・中曽根派)が存在するのですが、最大定数五人の中選挙区制の選挙であったために共存できていました。また、どの派閥も他派閥を徹底的に痛めつけないようにしていました。その理由は、どこか一つの派閥でも野党と組んでしまうと自民党が政権から転落してしまうためです。しかし、今回の不信任案が準備されている段階で、自民党内は大平率いる主流派と福田率いる反主流派に分かれていました。

自民党内が完全に割れている状況で、自民党内の反主流派が野党に同調して不信任案を可決するのではないかと、不穏な噂が流れていました。民社党の春日一幸だけが自民党反主流派の動きがおかしいことに気がつき、田中角栄が大平首相に「不信任案が可決したら即座に衆議院を解散しろ！　参議院選挙と同日選挙だ！」と命令しているとの情報を掴みます。

春日は、「自民党反主流派が欠席したら不信任案が通ってしまう。出すのは危険だ」と野党を止めにかかります。しかし、野党は解散総選挙を恐れて不信任案を提出しないなら、支持者から「やる気あるのか？」と思われてしまいます。ですが、本気でやる気はないので選挙の準備をしていない野党陣営は、不信任案を出すかどうかで割れてしまいます。

自民党反主流派も大平への条件闘争を迫るつもりで「不信任案に同調するぞ」との姿勢を見せます。しかし、大平は無視を決め込みます。大平は田中角栄に言われて、一か月後に迫っていた参議院選挙と同時に衆議院も解散してダブル選挙に打って出る気満々でした。三木派・福田派が内閣不信任案を否決しなければ自民党から除名するぐらいのつもりで態度を頑なにします。三木・福田との話し合いの場すら持たなくなり、こうしたチキンゲームは行き着くところまで行き着きます。

昭和五十五年五月十六日、社会党は内閣不信任案を提出します。不信任案賛成の演説のために壇上に立った社会党の議員は、演説をしながら本会議場のいくつかの扉から眼を離せませんでした。本会議場の自民党席には反主流派の姿がなかったためです。社会党の議員は「自民党はなにをしているのだ。非主流派との話し合いがつかないのか。このままでは不信任案は可決されてしまう。そうなったら解散……これは一大事だ」と自民党反主流派が入場し、不信任案を否決してくれることを期待しながら、演説をやたらと引き延ばしていました(戸川猪佐武『小説吉田学校　第八部』人物文庫、二〇〇一年、二〇〇頁)。『小説吉田学校』は保守政治家の派閥抗争を描いた怪作ですが、要所で野党が登場します。特に社会党は日本の政治に関与できない愚かな政党として。この場面も、小説ならではの抜群の描写で、民主主義の名に恥じる社会党の愚昧さを絶妙に表現しています。

ここで反主流派の中曽根は主流派に寝返って自分の派閥を引き連れて議場に入り、不信任案への反対票を投じました。しかし、福田派と三木派の自民党議員が大量欠席したことで、内閣不信任案は賛成多数で可決されました。これが世に言う、ハプニング解散です。不信任案が可決されると、ある社会党議員が隣の自民党議員に「本当に三木って悪い奴ですよね」と吐き捨てたとか。内閣不信任案を提出しておきながら選挙の準備ができていないので、自民党に否決してもらわなければ困るという、社会党がどれだけ腐敗をしていたかが分かるかと思います。昭和五十五（一九八〇）年六月二十二日、第十二回参議院議員通常選挙は、不信任案可決を受けて、史上初の衆参同日選挙という形になりました。大平内閣への不信任案を否決した議員は一次公認、欠席した議員は二次公認と、自民党は事実上の分裂選挙となりました。そんな最中、無理がたたって大平は病に倒れ、帰らぬ人になってしまいます。田中角栄は三木武夫によって塀の中に落とされただけで命までは取られませんでしたが、大平は本当に三木に殺されたようなものです。

　大平が倒れた時に見舞いに来た三木武夫を、大平の側近たちが「あんたのせいでこんなことになった」となじりました。三木派は裏切り者扱いで苦しい選挙戦でした。

　ところが、大平死去の報が伝わるや、三木は「大平君の弔い合戦だ！」と叫び、大平の遺影を前面に出して選挙戦を戦います。三木の変わり身に与野党ともに、「え？？？？？？」となります。野党からしたら「あんたが殺したんだろう！」でしょう。

　しかし、一瞬にして言動が変わるのが自民党政治の真骨頂です。それまで裏切り者呼ばわりされていた反主流派は「大平さんの弔い合戦」を掲げて、自民党一丸となり選挙を戦います。結果、自民党全体で衆参合わせて三〇〇議席を超える大勝となりました。

　すっかり出番がない野党第一党の社会党は何をしていたのでしょうか。飛鳥田委員長は党内政局だけは無敵でしたが、昭和五十八（一九八三）年参議院議員通常選挙で敗北し辞任していきました。

飛鳥田委員長時代の社会党は、まったく政権を目指す気がなく、史上最悪の野党第一党党首でした。しかも、四十日抗争とハプニング解散、二度もチャンスがあったのに……。

石橋政嗣——それでも前任者よりはマシ

政局の頭数にすら数えられなかった飛鳥田の後継の社会党委員長は、石橋政嗣《いしばしまさし》でした。「非武装中立」を絶叫しながら「自衛隊は違憲合法だ」などと意味の分からないことを言い出す人です。本人は党勢衰退に歯止めをかけるべく現実路線にかじを切ったつもりらしいです。憲法学者の小林直樹《こばやしなおき》の「違憲、合法」論に触発されて、「私もこれに乗っかろうという気持ちがでてきた」ことが、石橋政嗣が「自衛隊違憲合法論」を言い出すきっかけだそうです（前掲『戦後史のなかの日本社会党』二〇九頁）。何を言っているのか分からず、国民からの理解は当然ながら得られませんでした。

それはさておき、石橋が委員長になって、社会党は本気の政権批判パフォーマンスを始めます。その一つが「目白邸押し掛け事件」です。時代劇で出てくる「御用」の提灯を持って、目白の田中角栄の屋敷に押し掛けました。

昭和五十八（一九八三）年十月十二日、田中角栄にロッキード事件に関する判決が下りました。懲役四年の実刑判決です。ロッキード事件の田中角栄に関わる裁判には問題点が山のようにあり、「いくら角栄でも、それはやっちゃ駄目だろ」のオンパレードですが、詳細は小著『検証　検察庁の近現代史』（光文社新書、二〇一八年）をご覧ください。

とにもかくにも田中角栄は有罪になりました。この時、首相の中曽根康弘は田中角栄に議員辞職を勧めにいきます。当然でしょう。こんな人物を抱えていては選挙ができません。

「金権政治家・角栄、御用だ！」と提灯デモの人波が続いた。昭和58年1月27日付『読売新聞』読売新聞社

しかし、田中角栄が「俺が一人で辞めるのは嫌だ、衆議院を解散しろ（つまり代議士を全員クビにしろ）」「そうしたら俺も選挙で受かれば禊《みそぎ》を受けたことになる」と中曽根に命令をしたら、頭を抱えた中曽根は解散命令を受け入れました。角栄と中曽根はホテルの一室でサシの対談を行ったので、どんなやり取りがあったかはさっぱり分かりません。どんな脅し方をした

のでしょうか？

結果として、昭和五十八年十二月十八日の第三十七回衆議院議員総選挙は、自民党の党利党略とか派閥の派利派略ですらなく、田中角栄一人の個利個略が原因で行われた選挙でした。自民党は結党以来の大敗で、三六議席を失い、二五〇議席になります。そして史上初、新自由クラブとの連立に追い込まれることになりました。

新自由クラブの田川誠一代表と河野洋平は、自民党の河本派と社会党・民社党・公明党・新自由クラブ・社民連を糾合した河本内閣を計画していましたが行き詰まり、自民党との連立交渉に転換。二十六日、自民党の田中六助《たなかろくすけ》政調会長と山口敏夫《やまぐちとしお》新自由クラブ幹事長の間で「政治論理」の確立など四項目の政策協定がまとまり、統一会派「自民党・新自由国民連合」が結成されます。これで両党合わせて衆議院で二六七議席となり、予算委員会の与野党逆転は阻止されました。田川誠一は自治相・国家公安委員長に就任し、連立を画策していた公明党・民社党からは、抜け駆け、裏切り行為であると攻撃をされました（前掲『日本政治史4』四六一頁）。

選挙での大敗を受けて、三木武夫や福田赳夫は中曽根総理の退陣を要求しますが、田中・中曽根の主流派が圧倒的なので誰も退陣をさせることができませんでした。中曽根は留任、田中角栄は二十二万票超の記録的得票で当選しており、「禊は済んだ」と上機嫌です。
昭和五十八年衆議院議員総選挙は憲政史上、最悪の希望がない年でした。少なくとも戦後では最悪の年です。この時がどれくらい絶望的な状況かと言うと、自民党には二人しか良識的な政治家がいなかったのです。それが、鈴《すず》木《き》善幸《ぜんこう》と金丸信です。大事なことなので、もう一度書きます。自民党の良識的な政治家は、鈴木善幸と金丸信です。

昭和五十九（一九八四）年は、中曽根康弘の自民党総裁任期が切れる年です。この時、目ぼしい総裁候補は現職の中曽根しかいませんでした。最大派閥である田中派を動かせる田中角栄が他の派閥の領袖《りょうしゅう》を「コイツが総理総裁」と言えば決まる時代です。田中角栄が中曽根を推す限り、自民党の過半数が中曽根に票を入れます。他の人は立候補しても意味がありません。

しかし、ここで政局だけは天才の鈴木善幸が動きます。「田中派を切り崩せば、この構図は崩れる」と考え実行に移します。善幸の盟友で田中角栄の側近である二《に》階堂《かいどう》進《すすむ》を口説きます。田中派の二階堂が動けば、鈴木派と福田派はついてくる。さらに、公明党・民社党・社会党も巻き込んで中曽根おろしを仕掛けにいきます。

瞬く間に中曽根包囲網を築き上げました。中曽根は青ざめ、さすがの田中角栄も後に「あの時は肝を冷やしたよ」と漏らします。鈴木善幸がなぜこれほどの大謀略を仕掛けたのかと言うと、中曽根に対する私怨です。中曽根は総裁選で鈴木派にも助けてもらったのですが、前首相の鈴木の陰口を事あるごとに言いふらしていました。それが善幸にも伝わってしまいます。どれくらい陰口を言ったのかというと、アメリカのレーガン大統領にも言うほどです。中曽根総理がレーガン大統領に「私が登板した時は、九回裏ノーアウト満塁でした」と言ったのが報道されました。レーガン大統領も鈴木善幸の無能には呆れていたので同調し、「私は俳優時代、そんなピッチャーの役をやったよ。その時は三者連続三振に切って取ったがね」と、二人で鈴木善幸を笑い者にしていました。

こうした態度が積み重なり、鈴木善幸は復讐の機会を待っていたわけです。その復讐の機会に社会党の石橋政嗣委員長は乗っかり、政権を担当する意志を見せました。片山哲以来の久しぶりの政権担当意志がある社会党委員長です。というだけで褒めざるを得ないのも情けないですが。

しかし、鈴木善幸による二階堂擁立劇を阻止したのは金丸信総務会長でした。幹事長の田中六助は病気で動けなかったため、派閥の領袖の田中角栄の一任を取りつけ、金丸信が鈴木善幸の反乱を鎮圧していきます。野党人脈は鈴木善幸より金丸信の方があります。瞬く間に中曽根包囲網を切り崩し、金丸信が「二階堂さん、あんたオヤジ（田中角栄）の了承得とるんか？」という一言で説得し、二階堂擁立劇を体を張って抑え込みました。総裁選では、中曽根の無投票再選が決まり、金丸は幹事長の要職で報われました。

鈴木善幸が田中支配に風穴を開け、やがて力を得た金丸が角栄の時代を終わらせることとなります。善幸や金丸を褒めねばならない、自民党の腐敗の頂点でした。

一方、社会党の石橋政嗣委員長は昭和六十一（一九八六）年七月六日、第三十八回衆議院議員総選挙で二四議席を失う敗北の責任を取る形で、委員長を辞任しました。石橋政嗣が前任の成田知巳、飛鳥田一雄よりもマシな理由は、一度は政権奪取の動きを見せたこと。社会党再生のために徹底的な改革が必要だと考えて、土《ど》井《い》たか子《こ》を後継委員長に据えたことです。

土井たか子――社会党に救世主（マドンナ）が現れる

社会党が石橋政嗣委員長の時代の日本は、闇将軍として君臨していた田中角栄の支配に陰りが見えてきた頃です。唯一、日本の政治と関わったのが、二階堂擁立劇でした。相変わらず社会党は万年野党の負け犬政党でした。党勢の劣勢は目を覆うばかりで、与党の自民党から金と票を回してもらって野党第一党にしがみつくだけでした。ちなみに、自民党・社会党・公明党・共産党・民社党の当時の五大政党の中で、断トツで党員が少なかったのが社会党でした。

　昭和六十（一九八五）年、自民党内で竹下登は金丸信と組み、田中派内でクーデターを起こします。角栄は病に倒れ、過去の人となりました。竹下は昭和六十二（一九八七）年、経世会を旗揚げし田中派から完全独立。最終的には、田中派一四一人のうち、一一五人を竹下が引き抜き、派閥を丸ごと乗っ取るクーデターを完遂していました。首相の中曽根康弘は、竹下と後見人の金丸と組み、権力強化を図ります。最大派閥の田中派の大半を竹下が掌握したので、次期政権は竹下で決まりです。竹下や金丸も中曽根内閣に協力し、昭和六十〜六十二年の政局は安定します。この頃から中曽根は、思いっきり右に羽を伸ばし、〝保守っぽい〟ことを始めます。

　そんな危機的状況の社会党に現れた救世主が、土井たか子です。

　土井たか子は学者出身で、憲法学者の田畑《たばた》忍《しのぶ》の弟子でした。昭和四十四（一九六九）年十二月二十七日、第三十二回衆議院議員総選挙で社会党から旧兵庫二区に出馬し、当選を果たします。派閥は、成田知巳の直系になります。

　辞任した石橋政嗣委員長の後任には、憲政史上初の女性党首として土井たか子が就きます。

邪馬台国で「男の争いがひどすぎて女の指導者を立てる」という歴史がありましたが、同じようなものです。ちなみに社会党のセクハラの惨《むご》さは、原始人並みの野蛮さだったとか。

土井たか子は、慧眼なのか単なる天然なのか分かりませんが、状況を利用しました。目の上の瘤《こぶ》だった角栄がいなくなり、はしゃいでいる中曽根の〝保守っぽい〟ことに対し、「護憲」を訴えます。土井の凄さは、「何でも反対」「言い切る」「議論しない」「テレビで感情的に訴える」に徹したことです。有名なのが、竹下内閣で導入された消費税に反対した時の「ダメなものはダメ」という発言です。議会政治家の発言とは思えませんが、こうしたアジテーションに徹する姿は、一躍お茶の間で「おたかさん」として人気者になりました。

「山が動いた！」参議院で自民党が過半数割れ

昭和六十一（一九八六）年の衆参同日選挙に勝利した中曽根は、売上税の導入を言い出します。選挙前の記者会見で中曽根は、「大型間接税の導入はしません」と断言し、「私の目が嘘をついている人の目に見えますか」とまで言い切ります。この瞬間、記者全員が大爆笑。案の定、選挙後に「新型間接税を導入します」とか言い出したので、土井たか子が大暴れします。

土井たか子は成田の弟子なので、本音は社共路線です。しかし、時の勢いに乗って、社公民路線で自民党批判を煽ります。自民党は統一地方選挙で大敗し、新型間接税こと売上税は葬り去られます。

その後、中曽根康弘から竹下登へ政権が移動します。竹下は売上税に代わる消費税の導入を政権の至上命題とします。

そんな竹下内閣で飛び出してきたのが、リクルート事件です。リクルート社の子会社であるリクルートコスモス社の未公開株が政財界の有力者多数に譲渡され、贈収賄として東京地検特捜部が動いた事件です。その騒ぎの真っ只中に、竹下内閣は消費税法案を通してしまいます。

さらに、昭和六十三（一九八八）年六月二十日、日米貿易交渉で平成三（一九九一）年から、牛肉・オレンジの輸入枠撤廃が決定し、輸入自由化がされます。この動きに対して、自民党の支持基盤である農家が激怒します。

マスコミは自民党たたきに走りました。

土井たか子は、「リクルート事件、消費税、牛肉・オレンジ輸入自由化」の三点セットを自民党攻撃の武器にして攻めまくりました。支持率の下がった竹下は、平成元（一九八九）

年七月二十三日の第十五回参議院議員通常選挙の直前に宇野《うの》宗佑《そうすけ》を後継総理に据えます。竹下の傀儡政権ですので、事実上の第二次竹下内閣です。ところがこの宇野が大誤算で、いきなり女性問題で躓《つまず》きます。愛人とのお金の交渉を週刊誌に事細かに書かれてしまいました。社会党は女性が委員長なので、女性問題があるはずもなく、土井たか子委員長率いる社会党は、参議院選挙で二四議席を増やす記録的大勝を成し遂げます。土井たか子は一言で「山が動いた！」と表現し、喝采を浴びます。

　この時の選挙は「マドンナ旋風」と言われ、「社会党の女性候補ならだれでも当選できる」と言われた選挙でした。それにしても、長年の自民党への怒りはすさまじく、たった一回の参議院選挙で自民党を過半数割れに追い込みました。

　自民党は前回の第十四回参議院議員通常選挙での大勝を失いました。何度目かの結党以来の危機です。「野党連合政権」の現実味が一％くらい帯びてきます。それまでがゼロだったので、ゼロとイチは天地の差です。

　竹下は宇野を捨て、海部俊樹に「君、やれ」と首相になるように命令します。事実上の第三次竹下内閣である海部内閣の誕生です。竹下は一の子分である小沢一郎を自民党幹事長に送り込みました。小沢が総選挙を取り仕切ります。

ちょうどベルリンの壁が崩壊し東欧諸国が民主化した頃です。小沢は「そんな時代に社会党に政権を渡して良いのか」と有権者に訴えました。

平成二（一九九〇）年二月十八日、第三十九回衆議院議員総選挙でも、社会党は五三議席を増やす勝利を手に入れます。しかし、社会党の議席こそ伸ばしたけれども、仲間の公明党や民社党は割を食って議席を減らし敗北します。ここに、社公民路線は崩壊します。

政権担当の意志を再び失う社会党

衆議院は自民党が過半数を維持していますが、参議院では過半数割れを起こしています。この状況を、ねじれ国会と言います。参議院の野党が結集すれば法案が通りません。以後のいくつの政権がこれで苦しんだことでしょう。しかし、この時のねじれは、みんな忘れているか、そもそも認識していないのだと思います。本来ならば自民党にとって大変な状況ですが、竹下登を舐めてはいけません。公明党と民社党を買収していきます。公明・民社は、社会党についていっても仕方ないですし。

後に某野党議員が竹下さんを証人喚問で攻撃した時、「アナタとも名刺を交換したことがありましたね」と竹下がつぶやけば、某議員はしどろもどろに。関係者は顔面蒼白で他人のフリをして、事情を知らない人は唖然です。真相は、竹下は裏金を渡した人間と名刺交換した際に、名刺に金額を書き込んでいたらしいです。竹下の人生、一事が万事こんな感じです。

竹下・金丸は盟友関係ですが、お互いに付き合う相手を使い分けていました。竹下は、外国は韓国、役所は大蔵省、野党は公明・民社。対して金丸は、北朝鮮、郵政省、社会党。こうした役割分担で、対立する勢力の両方とつながりを持っていたのが竹下・金丸コンビでした。社会党が土井たか子路線で真面目に自民党の議席をけずったら、公明・民社に強い竹下の出番なのです。もっとも、国会対策では竹下も社会党に、金丸も公明・民社にそれなりに人脈はありましたが。

海部内閣と続く宮澤喜一内閣（事実上の第四次竹下内閣）では、参議院がねじれているはずなのに、公明党と民社党が協力してくれるので、自民党の政権は盤石でした。「本当の野党は共産党だけ」とか言われていました。「竹下派にあらずんば人にあらず」という政界で、不満が高まりますが、最大・最強派閥の竹下登には誰も逆らえませんでした。

土井たか子は、平成三（一九九一）年の統一地方選挙での敗北を理由に、委員長を引責辞任します。また元の選挙に勝つ意志のない社会党に戻りました。

その後の顛末は、次章でお話ししましょう。

ただし、一つだけ。社会党が潰れる寸前、土井たか子委員長が戻ってきます。その時は橋本龍太郎内閣（事実上の第六次竹下内閣）で社会党は連立与党にいました。しかし、党内の大半は、新党の民主党に流れていき、社会党は解党寸前でした。そんな状況で、おたかさんにすがったわけです。総選挙直前の土井たか子の一言が「野党を目指して戦う」です。

野党は目指さなくてもなれるのですが……。

本来の野党とは「政権を担うべく準備し、現政権の過ちを国民に訴える存在だ」との概念がありません。こんな土井たか子でも、社会党では良識派でした。選挙に勝ち政権を取るという意志を示したことがあるためです。たったこれだけで良識派になれる。社会党がどれだけ腐敗しているのか。

存在そのものが腐敗していました。

表 4 - 1　歴代社会党委員長

委員長	在 任	備 考
鈴木茂三郎	1955〜60年	「青年よ銃をとるな」の演説で有名。社会党を教条的護憲政党にした左派。警察予備隊の違憲を最高裁に求め、門前払いをされたことも。
浅沼稲次郎	1960年	右派だが、左派に担がれる。その裏切りに「友達は犬だけ」と揶揄された。
河上丈太郎	1961〜65年	浅沼暗殺の同情票で野党第一党を維持。現実に高度経済成長を実現する池田内閣に観念論で対抗し続けた。
佐々木更三	1965〜67年	親中派。「アメリカ帝国主義」を激しく攻撃するだけでなく、親ソ派とも抗争。選挙では連戦連敗だが、党内抗争では連戦連勝。右派を追い出す。
勝間田清一	1967〜68年	多くの公文書でソ連のスパイだったと裏づけられている。短命委員長。
成田知巳	1968〜77年	「重宗おろし」に関わり、成功。 本章で詳述。
飛鳥田一雄	1977〜83年	勝てる戦いで何もせず。史上最低の野党第一党党首か。 本章で詳述。
石橋政嗣	1983〜86年	二階堂擁立劇に関与。 本章で詳述。
土井たか子	1986〜91年	マドンナブームで自民党を参議院過半数割れに。だそれだけ。
田辺 誠	1991〜93年	金丸信の盟友。 金丸の失脚と同時に退陣。
山花貞夫	1993年	非自民非共産連立政権入り。 しかし、新生党と公明党の舎弟のように扱われる。
村山富市	1993〜96年	連立からの離脱を決断、自民党と組み首相に。結果、党が崩壊。

第五章

なぜ自民党に代わる政党が誕生しないのか？

「憲政の常道」は一党優位では成し得ない

なぜ、日本にマトモな野党が生まれないのか。

たとえば、桂太郎に聞いてみましょう。キョトンとするでしょう。なぜなら、桂は万年与党の立憲政友会に対抗できる新党を作ろうとの意志はありましたが、万年野党でいようなどとは思っていませんでしたから。

政党は政権を目指して集まった集団であり、与党になって政策を実現するからこそ存在価値があるのです。

桂の死後に憲政会を率いた加藤高明は、「苦節十年」の苦しい野党暮らしを経験しました。正確には八年間、野党第一党に甘んじながら、ついには政権の座を奪取しました。そして「憲政の常道」と呼ばれる、二大政党制を実現しました。

立憲政治の本場であるイギリスは、数百年かけて二大政党制を実現しました。それに比して日本は驚くべき速さで、「憲政の常道」を実現しました。ペリー来航が嘉永六（一八五三）年、帝国憲法発布が明治二十二（一八八九）年、そして加藤高明内閣の成立による「憲政の常道」の始まりが大正十三（一九二四）年です。ペリー来航から数えて約七十年、憲法発布から約三十五年です。

日本はペリー来航以来、急激な速度で近代化しました。同じように民主化も急激でした。当然、第一章でお話ししたような齟齬は出ます。最後は、政党政治そのものが国民の不信を招き、昭和十五（一九四〇）年には全政党が雲散霧消してしまいました。

それでも、戦前の民政党や政友会にいくら問題があったとしても、「皇室は守らなければならない」「国家は真面目に経営しなければならない」という建前を否定する人はいませんでした。

占領期、政党が復活しましたが、「皇室」という日本人共通の価値観を共有せず、真面目に「国家」を経営する気がない政党が台頭することにもなりました。

民政党の後進の日本進歩党がＧＨＱの圧力で大打撃を被ったこともあり、日本社会党が勢力を伸ばします。そして保守勢力が抗争を繰り返すうちに、社会党は一大勢力へと成長します。社会党は、最初から皇室を滅ぼそうとする勢力を抱えていました。やがて、真面目な国家経営をしようとする人たちは、社会党から駆逐されていきます。

時は、米ソ冷戦時代。「ソ連の回し者の社会党を抑え込まねばならない」との大義名分で、保守合同が行われ、巨大政党である自由民主党が誕生します。戦前の保守二大政党制に代わる、保革二大政党制です。ただし実態は、保革一・五大政党制でした。なぜなら社会党には政権を担う意志そのものがなく、挙句は自民党の補完勢力に堕しました。結果、他のマトモな野党が出現するのを邪魔する存在になりました。

三つ目の選択肢が必要かどうかはさておき、最低でも二つの選択肢がなければ、選挙などやる意味がありません。選択肢が一つしかないということは、一党優位を生みます。そして、その一党は無限大に腐敗します。代わる選択肢がないので、何をやっても与党でいられるからです。そうなると、実は選択肢は一つもなくなります。

昭和三十（一九五五）年、自民党と社会党が結成されました。自民党は現在に至るまでの六十六年間、野党にいた合計期間は五年もありません。その腐敗と無能は、止めようがない段階にまで至りました。

社会党は消え去りました。しかし、自民党に代わる野党も存在できませんでした。

なぜでしょうか。

田中内閣で自民党の矛盾が噴出

五十五年体制で社会党が野党第一党に居座ることを目指し、自民党の腐敗を促進する中で、この体制を突き崩すに足る力を持った野党は生まれませんでした。それ以後も、現在に至るまで多くの政党や政治団体が離合集散を繰り返していますが、結局、野党が勝つのは稀有で、常に自民党が与党です。

なぜこれほど野党が勝てないのかは、裏を返せば、なぜ自民党が勝ち続けているのかということでもあります。

元々、自民党は時限政党です。成立時は「二十年続いたら御の字」と言われました。そして、本当に二十年で賞味期限が切れます。

昭和四十六（一九七一）年のニクソン・ショックによる急激な円高・ドル安で成長産業に打撃を受け、昭和四十八（一九七三）年の列島改造予算がインフレを促進し、そこへ石油ショックが直撃すると、日本は長期不況に突入します。その結果が顕著に表れたのが、昭和四十九（一九七四）年七月七日の第十回参議院議員通常選挙でした。約七三％という高い投票率の中で、自民党の獲得議席は参議院の与党過半数に届きませんでした。経済失政に対して国民が本気で怒ると、自民党は負けるのです。

また、保守合同の時は、社会党に対抗するために保守合同をやらなければならないという意見が大勢でしたが、その結果「日米安保条約と資本主義にだけ賛成すれば、後は何でもいい」という政治家のたまり場になりました。米ソ冷戦構造のもとで、アメリカ陣営の中で国民に飯を食わせることが自民党の役割です。言ってしまえば、共産国と組んで国民に飯を食わせられないのだったら、自民党に存在意義などありません。

共産国と組んだのは、田中角栄の時です。アメリカがソ連に対抗するため中国と組んだ時流に乗り、台湾を切り捨て、北京政府に乗り換えました。

佐藤内閣までは、自民党は親米保守のたまり場です。これに対して、社会党には革新（リベラル）が集中していました。さらに、マスコミはアンチ自民党です。この構造で行き場を失っていたのが健全保守です。

田中角栄以後は、自民党の中に親中派が侵食していき、ますます健全保守の居場所がなくなっていきます。有権者の選択肢が、中国共産党と組んだ自民党か、元々日本や皇室を否定する社会党かの二択となってしまいました。

角栄は高度経済成長の申し子のように言われますが、違います。列島改造と石油ショックで、高度経済成長を終わらせました。はっきり言いますが、日本を中国共産党に売り飛ばした売国奴です。自民党のたった二つの共通項だった「日米安保と資本主義」すら、田中内閣が捨て去りました。

そんなところに、角栄の汚職が次々と露見します。だから選挙で鉄槌を下され、昭和四十九年秋には錬金術と愛人問題が批判され、退陣に追い込まれます。金脈政変です。

この時点で自民党は結党以来、約二十年。明らかに地殻変動は起きていました。

新自由クラブ――三木おろしの最大殊勲者

田中角栄の後継には、三木武夫が就きました。

リベラル色を売りにしていた三木は保守傍流と目され、総理総裁とは遠い存在と見られていました。しかし、田中が金権体質を批判されて退陣に追いやられると、クリーンを売りにしていた三木を押し立てて自民党はイメージ回復を図ります。

政治家、特に自民党国会議員には、絶対の原則があります。「何が何でも選挙に落ちたくない」です。自分が選挙に落ちないためなら、日ごろは党内で嫌われ者の三木を総裁にしてでも生き残る。この権力への執念が自民党の真骨頂です。

自民党の大半は三木を暫定政権、つまり「一時的な風よけ」と思っていました。しかし三木は「政権に暫定などない」と無視します。ロッキード事件で誰もが身内の田中を庇《かば》うと思いきや、三木は「真相究明」などとマスコミ受けするパフォーマンスを繰り返し、あまつさえ検察に前首相の田中を逮捕させます。ここに自民党の約七割は三木おろしに走りました。

そして、自民党は三木派と反三木派の分裂選挙で、昭和五十一（一九七六）年の第三十四回衆議院議員総選挙は戦後初の任期満了選挙となります。自民党に投票することは、三木内閣の延命になるのか、あるいは反三木派を応援して三木おろしに近づくのか。有権者には判断がつきません。ましてや社会党はやる気がないし、他の野党は政権には程遠い議席数しか擁立できない。

　こうした状況で、新党が登場しました。自民党での改革に見切りをつけ、脱党した六人の国会議員が結成した、新自由クラブです。代表は河野洋平。河野は、都市部を中心に手堅く二十五人の候補を擁立、十七人を当選させました。大躍進です。これが三木おろしの決定打になりました。

　前回の総選挙で自民党は二七一議席、安定多数です。安定多数とは、国会を安定的に運営できる議席数のことを指します。具体的には、衆議院のすべての常任委員会で委員長ポストを占めることのできる議席数です。当時の安定多数だった二七一議席を勝敗ラインに設定した三木は、あくまで政権維持を押し通そうとします。ところが結果は、過半数に七議席足りない二四九議席。追加公認を足して、二六〇議席。三木は退陣を選びました。

　もし新自由クラブのブームがなければ、三木は自ら掲げた勝利条件を超えていましたが、後の祭りです。

ちなみに、この時の第三十四回衆議院議員総選挙は、田中派には逆風選挙です。しかも総裁派閥の三木派とも対立しています。これが現在の小選挙区制であれば、総裁が反対派を公認せず、刺客候補を立てて対立派閥の候補者を脅かすという戦い方ができます。ところが、中選挙区制なので田中派の候補者たちも低い順位にはなりましたが、当選してきます。この時に田中派が壊滅していたら角栄の政治生命は本当に終わりだったのでしょうが、何とか生き残り、後に再生する基盤となります。

言うなれば、新自由クラブは田中角栄を延命させ、三木おろしの最大殊勲者の役割を果たしたのでした。

翌昭和五十二（一九七七）年、福田赳夫内閣のもとで行われた第十一回参議院議員通常選挙から自民党は復調し、十三人の候補者中三人しか当選させられなかった新自由クラブは、あっという間に埋没していきます。ブームは半年でした。

新自由クラブの大失敗――自民党の派閥抗争で使われる

昭和五十四（一九七九）年十月七日、第三十五回衆議院議員総選挙が施行されます。政権は大平正芳内閣に代わっていました。この選挙で新自由クラブが獲得したのは、わずか四議席です。

幹部たちの内紛で統制は取れず、たった四人しかいないのに、路線対立を続けています。貧すれば鈍す、です。

歴史を振り返ってみても、野党を維持するのは大変です。大正期の加藤高明は三菱のカネで党内を統制しました。昭和期なら鳩山一郎を支えたのはブリヂストンです。「金だけ出して口は出さない」という安定的な大スポンサーがいればこそ、野党暮らしでも結束を保つことができるのです。新自由クラブの幹事長として金集めに苦労した山口敏夫は、後に業務上横領や背任、詐欺共犯の容疑で逮捕・起訴されます。

四議席まで減った新自由クラブは、自民党の大平正芳と福田赳夫の四十日抗争で、主流派について首班指名でも大平と書きました。政策協定を結び、大平が政権を存続させた暁には連立入りさせてもらう約束です。ところがこの約束は、あえなく反故にされました。泣き寝入りです。

第二次大平内閣で自民党内の造反により内閣不信任案が可決されると、昭和五十五（一九八〇）年六月二十二日に施行された第三十六回衆議院議員総選挙では、一一二議席まで盛り返しました。しかし、結党直後のブームは夢の跡です。

この選挙の渦中に大平が急逝すると、鈴木善幸内閣を経て、五年にわたる中曽根康弘の長期政権となります。

第一次中曽根内閣は、「田中曽根内閣」と揶揄されるほど、田中角栄の影響力が絶大でした。ロッキード事件を抱える田中自身は自民党に戻ることもできない一無所属議員ですが、自民党最大派閥の田中派を養い、総理大臣の首も挿げ替える権力者です。田中派がもう一つの派閥と組めば、自民党の過半数です。だから、角栄が「誰それを次の総理総裁にする」と決めたら終わりです。他の誰も逆らえません。自民党の派閥は「親分を総理総裁にするための集団」ですから不満は溜まりますが、角栄は強烈なカリスマで押さえつけます。田中派にいれば選挙に当選できて、カネの支援がもらえてポストが回ってくるので、議員たちは文句を言いません。それどころか、田中派入会希望者は後を絶たず、絶頂期には一四一人にまで膨張します。政官界は田中一人の支配下にありました。

ただ、日本の制度では、いかに行政と立法を握っても、司法は独立しています。総理大臣を決める権力を持つ田中角栄も、法廷では一人の刑事被告人です。昭和五十八（一九八三）年十月、その田中角栄にロッキード事件裁判で有罪判決が下りました。

マスコミは角栄に議員辞職を迫ります。

しかし、田中は議員辞職を促す首相の中曽根に対し、応じないどころか衆議院の解散を命じました。第三十七回衆議院議員総選挙の結果は二五〇議席の過半数割れとなる大敗です。ちなみにこの時、田中派の目論見は「自民党は減ってもわが派は増える」です（前掲、升味『日本政治史４』）。角栄自身も新潟三区で二十二万票超を獲得し、二位に大差をつける圧勝で当選し、田中派全体では二議席減に留まります。激減したのは他派閥の議席で、田中派は党内優勢を固めます。翌年、田中角栄が政治活動を再開すると、無所属議員も田中派に転んでくるほどです。

この時、新自由クラブは選挙でまたもや議席数を減らし、わずか八議席です。選挙直後、田川誠一代表と河野洋平は、自民党反主流派の河本派と組む構想を持っていました。社会党や民社党、公明党など新自由クラブを含む野党を取りまとめ、河本内閣を作る考えです。一方、鈴木派からも接触を受け、選挙の敗戦を受けた中曽根が総裁声明で「田中角栄の政治的影響を一切排除する」と挙党一致を呼び掛けると、新自由クラブは連立入りに転換しました。公明党や民社党は、この変わり身を激しく非難します。

昭和五十八年十二月二十七日に成立した第二次中曽根内閣では、「大臣ポスト一」が新自由クラブの指定席です。内閣成立当時には田川誠一が自治大臣となり、その後、第一次改造では山口敏夫が労働大臣、第二次改造では河野洋平が科学技術庁長官となっています。自民党結党以来、連立内閣で大臣ポストを投げ与えるのは、この時が初めてです。

かくして、新自由クラブは、田中が支配する中曽根内閣を支えることとなります。

無党派層の誕生――日本政治の最大多数派

しかし、角栄支配にも陰りが見えます。竹下登と金丸信が派閥乗っ取りのクーデターを起こすや、田中は脳梗塞で再起不能となりました。田中派一四一人中、一一五人が竹下派に参集しました。中曽根は、田中派から竹下派に乗り換えます。

金丸幹事長の采配で昭和六十一（一九八六）年七月六日に施行された衆参同日選挙が自民党の圧勝に終わると、新自由クラブは用済みです。選挙から間もない八月十五日に解党し、田川誠一を除く全員が自民党に合流しました。

こうして概観すると、新自由クラブが政局に影響を与えたのは、三木おろしだけです。当初の躍進は、都市部の不満票を吸収したからでした。結党当初の昭和五十一（一九七六）年の第三十四回衆議院議員総選挙では、自民党から飛び出した議員たちを除き、初当選した議員らは東京や神奈川、埼玉など都市部の票で当選しました。地方から当選した議員らも、県庁所在地の一区、あるいは人口の多い県に限り二区から出ています。自民党に対する都市部の不満票が、野党第一党の社会党にも向かえずに行き場を失ったことで伸びたのです。

また、この時は中選挙区制で、三木首相には後の小泉首相のように「反対派に刺客を立てる」などとは制度的にできませんでした。「自民党に投票したら三木おろしに賛成するのか反対するのか分からない、社会党はやる気がないから投票する意味がない。ならば政治を変えてくれそうな新自由クラブに投票しよう」と考えた人が、新自由クラブの支持層です。ここで大事なのは、新自由クラブを躍進させた人たちは、積極的な支持者だったわけではないことです。だから、翌年の参議院選挙では、すぐに勢いをなくしたのです。

新自由クラブの無残な迷走は論評にも値しませんが、ここで大事なのは「政治そのものへの不信」が生まれたことです。いわゆる「無党派層」の誕生です。

昭和六十二（一九八七）年十一月六日、五年間にわたった中曽根政権が終わります。しかし、衆参で大勝した議席数を背景に第三次中曽根内閣は税制改革の本丸として売上税をぶち上げますが、潰されました。選挙前に「大型間接税の導入はしない」と言っていたのに、約束を違えたことで世論の怒りを買ったのです。末期中曽根内閣は、地方選挙で土井たか子委員長率いる社会党に連戦連敗となりました。

無党派層が、日本の政治の最大多数派になっていきます。新自由クラブは、その人たちの受け皿になり得なかった、時代のあだ花でした。

政界を支配する経世会の内部対立

中曽根内閣の後は、自民党最大派閥経世会を背景にした竹下登が継ぎました。誰もが安定政権を想像しました。

ところが、内閣が成立して半年ほどの昭和六十三（一九八八）年夏、リクルート事件が発覚します。リクルート社の子会社未公開株の譲渡をめぐる疑獄事件で、現職首相の竹下をはじめ、前首相の中曽根、蔵相の宮澤喜一、自民党幹事長の安倍晋太郎《あべしんたろう》と、火の手が広がります。政府与党関係者の収賄容疑が芋づる式に発覚し、宮澤副総理兼蔵相の辞任に至ります。与党自民党の四大派閥だけでなく、野党の社会党や公明党からも辞職に追い込まれる議員が出ました。民社党にも飛び火します。「リクルート株をもらっていないのは共産党だけ」という惨状です。

竹下の強さはここからです。リクルート事件の真っ最中に、竹下が蔵相を兼任すると、同

表5-1　当時の自民党の派閥と幹部

竹下派	三塚派	宮澤派	渡辺派	河本派
金丸 信 竹下 登	（安倍晋太郎）	宮澤喜一	中曽根康弘 渡辺美智雄	河本敏夫
小渕恵三 橋本龍太郎 小沢一郎	三塚 博 森 喜朗 小泉純一郎	河野洋平 加藤紘一	山崎 拓	海部俊樹

※それぞれの派閥で世代に分け、年齢順に並べた。
※安倍晋太郎は平成三（一九九一）年に死去。

年末の十二月に消費税関連法を強行採決しました。そして、竹下内閣自体は翌平成元（一九八九）年六月三日に退陣します。竹下は退陣によって世論の批判をかわし、かえって権力を増します。そして裏から傀儡の総理大臣を操ります。

自民党最大派閥の竹下派が推せば首相になれるので、竹下の一言で首相が決まります。田中闇将軍時代の再現です。ただし毎日のようにマスコミの好餌《こうじ》となっていた角栄と違い、竹下は意図的に目立たないように振舞います。

経世会が次期後継者として前面に押し出したのは、小沢一郎。史上最年少で、自民党の幹事長となります。経世会の正式な会長は盟友の金丸信。閨閥で結ばれている彼らは、「金竹小《こんちくしょう》トリオ」と呼ばれました。小沢が時の首相である海部俊樹や宮澤喜一に対し傲慢に振舞う様子は何度もテレビで流れますし、金丸は「ドン」「黒幕」として連日メディアに登場します。しかし、派閥のオーナーとして実権を握り、政官界を支配する真の黒幕は竹下でした。

　こうした経世会支配に対し、他の三大派閥の中堅がＹＫＫトリオを結成して批判の声をあげます。宮澤派の加藤《かとう》紘一《こういち》、渡辺派の山崎《やまざき》拓《たく》、三塚《みつづか》派の小泉純一郎です。三人の頭文字を取ってＹＫＫです。ただし、「竹下派 vs. ＹＫＫ」の実態は、「金丸・小沢 vs. ＹＫＫ」です。小泉純一郎に至っては、竹下派批判は毎日やるけど、竹下登批判は一度もしたことがないほどです。要するにＹＫＫトリオは、金丸・小沢を牽制して竹下の権力を守る役割なのです。

　竹下派には、小沢の他、後に首相となる橋本龍太郎・小渕恵三・羽田《はた》孜《つとむ》、それに梶山《かじやま》静《せい》六《ろく》・渡部《わたなべ》恒三《こうぞう》・奥田《おくだ》敬和《けいわ》ら幹部が居並び、「竹下派七奉行」と呼ばれました。当時の永田町は「経世会にあらずんば、人にあらず」の空気でした。

　しかし、人が多くなると権力闘争が起きるのが、世の常です。権力の椅子には限りがあります。大臣ポストは当時二十、自民党幹部は三か四。そして総理総裁は一つです。この限られた椅子を数百人の国会議員が奪い合うのです。政界は常に「慢性的飢餓」なのです。

　七奉行のうち、当選回数が多く政界では先輩の橋本・小渕、年齢が大きく上の梶山は小沢を後継に据えようとする金丸に反発していきます。これに対し羽田・渡部・奥田は小沢と組み、竹下派は内部対立を抱えていました。

表5-2　竹下派七奉行

昭和38年当選組	
小渕恵三	昭和12年生まれ
橋本龍太郎	昭和12年生まれ
昭和44年初当選組	
梶山静六	大正15年生まれ　ただし、落選経験あり。
奥田敬和	昭和2年生まれ
渡部恒三	昭和7年生まれ
羽田　孜	昭和10年生まれ
小沢一郎	昭和17年生まれ

橋本と小渕は、田中角栄が佐藤栄作に反旗を翻した時、どちらかと言えば佐藤寄りと目されていました。それに対して上表の昭和四十四年組は角栄が幹事長の時に当選させた議員たちで、直系と目されていました。小沢・梶山・羽田らは「角栄親衛隊」と目された人たちで、竹下が裏切ると決めつけていた角栄は「小沢や梶山が守ってくれる」と頼りにしていたのですが、その小沢と梶山が竹下クーデターの首謀者と聞き、唖然としたとの記録が残っています。

竹下派の衆議院議員は四十四年組が面倒を見ており、橋本や小渕は棚上げのような格好でした。そして最年少の小沢が自民党幹事長として権力を握ると、人間関係にも変化が表れます。金丸信の寵愛で竹下派後継の座を駆け上っていく小沢に対し、橋本や小渕、それに落選経験があって当選回数が劣るので格下扱いされるようになった梶山が結束。小沢の後継就任を阻止しようとしますし、まだまだ派閥を手放す気がない竹下も、この動きを利用します。

　これが爆発するのが、平成四（一九九二）年二月の東京佐川急便事件です。戦後最大規模の特別背任事件と言われ、総額九百五十二億円に達する資金の流れに政治家への巨額献金が含まれていました。その額、五億円です。国会議員約六十人が政治資金規正法違反で相次いで告発されました。ここに金丸信が含まれていました。金丸は政界引退に追い込まれ、小沢が竹下に反旗を翻し、結果として小沢は竹下派を追い出されます。竹下は金丸に代わる派閥会長を小渕に決め、小沢は人望のある羽田を担ぎ、羽田派を結成します。

　こうした風潮に、国民は嫌気がさしていました。派閥を追い出された小沢は、クリーンなイメージのあった羽田を担ぎ、政治改革を訴えます。もっとも、小泉純一郎らに言わせれば、「昨日まで政治改革の対象だった人が、都合が悪くなると政治改革の旗を振っている」ですが……。

日本新党と政治改革の熱病

　佐川事件が明るみに出た三か月後の平成四（一九九二）年五月、細川《ほそかわ》護熙《もりひろ》を代表とする日本新党が旗揚げされます。細川護熙は熊本県知事を二期務め、「権不十年」と言って突然知事を退任すると国政新党を立ち上げて打って出てきました。ちなみに細川の後任知事の福島《ふくしま》譲二《じょうじ》は「トイレットペーパー知事」と揶揄されました。細川の後始末に追われたからです。細川の行政手腕は一般には未知数で、政治を知るプロの間では決して高くなかったのですが、そんな細かいことは誰も気にしないのが当時の風潮でした。それどころかマスコミ各社は、頼まれたわけでもないのに、細川や日本新党の批判は封印、後にテレビ朝日の局長が偏向報道で国会招致されています（椿《つばき》事件）。

とにもかくにも、新自由クラブをはるかに超える、政治改革ブームです。

日本新党は、既存政党の離合集散による政界再編では、政治の腐敗は変わらないのだ、との問題提示をします。これが政治腐敗に飽き飽きしていた国民の支持を得て、七月二十六日に施行された第十六回参議院議員通常選挙で四議席を獲得しました。日本新党は無党派層を取り込み、比例代表区では得票数で共産党と民社党を上回りました。

ちなみに、小池百合子《こいけゆりこ》東京都知事（二〇二一年十二月現在）は、テレビ局のキャスターから政界に転身し、この選挙で初当選しました。とはいえ四議席ですから、日本新党が一年後に政権を取るとは、誰も思っていませんでした。

翌平成五（一九九三）年六月、「通常国会会期末で、いつもなら野党が内閣不信任案を提出、

宮澤喜一首相（左）、梶山静六幹事長（中央）、佐藤孝行総務会長（右）、肩書きはいずれも当時のもの　写真提供：共同通信社

自民党が否決して終わり」のセレモニーが近づいてきました。ただし、この時は、羽田派の三十六名が賛成すれば可決される情勢です。

さらに、連日のマスコミによる猛バッシングで、内閣支持率が下がります。日経新聞の世論調査によれば、平成五年六月に行われた内閣支持率は最低で五%台、不支持率は八十%に迫ります。この時の自民党の政党支持率は二十八%まで落ち込みました。何しろ、総理総裁・幹事長・総務会長の三人の絵面も最悪なので、顔が出るだけでネガティブキャンペーン効果抜群です。

六月十八日、異様な熱狂の中で、内閣不信任案が採決されます。梶山幹事長ら執行部は、採決に反対するかどうかの踏み絵を羽田派に迫るつもりでした。否決に回れば自民党公認、さもなくば除名のつもりです。ところが、羽田派の結束は固く、一人の脱落者が出ることもなく不信任案に賛成します。それどころか、雪崩現象のように自民党から脱落者が出て、内閣不信任案は可決。宮澤内閣は解散総選挙に追い込まれてしまいます。

羽田派は揃って脱党、六月二十三日に新党を立ち上げます。羽田孜を党首にして、小沢一郎が代表幹事となりました。ネーミングは新生党。当時の自民党が「新生自民党」をキャッチコピーにしていたのと、「新政党」との駄洒落です。それでも許されたのが、当時の空気でした。「自民党を潰せるなら、何でもいい」です。

この直後には、自民党の若手議員たちも離党し、新党さきがけを結成しました。日本新党との連携を深めます。

空前の政治改革ブームの中で、総選挙に突入します。

そして七月十八日開票の第四十回衆議院議員総選挙では、自民党は離党により減少した議席数を回復することはできず、二二三議席に留まります。現状維持ですが、過半数を大きく割りました。羽田と小沢の新生党が躍進して五五議席、細川の日本新党はゼロから三五議席を獲得します。新党さきがけは離党した一〇議席から三議席を増やして一三議席獲得です。

自民党・社会党を含め、既存政党の得票率は軒並み低下します。最も大きく議席を減らしたのは日本社会党で、一三六議席から七〇議席となりました。

ちなみに、現在の政治で中心となっている安倍晋三元首相や、立憲民主党の枝野幸男前代表、国民民主党の前原誠司《まえはらせいじ》代表代行といった世代が初当選した選挙です。

五十五年体制の終焉——非立憲的政権の誕生

首班指名を前に、多数派工作が激しくなりました。自民党二二三に対し、社会・新生・公明・民社・社民連の野党連合は一九五議席。日本新党とさきがけの、合わせて四八議席がついた方が勝つ情勢でした。

ここで小沢は奇策を放ち、第五党にすぎない日本新党の細川護熙代表の首班を持ち出しました。さきがけは自民党との連立を考えていたのですが、小沢が機先を制しました。細川は首班を受けます。

こうして八月九日、細川内閣が成立します。政権交代が実現し、自民党と社会党の保革一・五大政党による五十五年体制が終わりました。

とは言え、細川首相の誕生は、立憲政治の観点から何一つ説明できません。選挙で第一党を取ったのは、自民党です。他の野党と組んで自民党から総理を出せる状況です。憲政の常道からいけば、衆議院第一党が総理大臣を出します。この考えに則れば、自民党が野党のどこかと連立を組み、総理大臣を出しても良いのです。

自民党政権が政策の失敗により退陣し下野すると言うのであれば、それも筋が通るでしょう。すると衆議院第二党で野党第一党の社会党が政権を取ることになるはずです。ところが、その社会党は議席が、ほぼ半減しています。中選挙区制で選挙区調整に失敗した共倒れですが、国民の支持を得られている政党とは明らかに言えません。

ならば、野党第二党は新生党です。自民党政治に対する有権者の怒りが新党を躍進させた選挙という意味では、「昨日まで自民党にいた人が総理大臣になるべきではない」という理屈はあり得ます。

そこで野党第三党の公明党はと言えば、宗教政党の党首だから首相になるのはどうかとされ、その次に議席の多かった細川護熙が首班となっています。では、その宗教政党にも議席数が劣る野党第四党、全体では第五党の党首が数合わせで首相になるのは良いのか。

占領期、三一議席で第四党だった国民協同党の三木武夫は「アメリカにデモクラシーがあるなら、我が国には憲政の常道がある。国民の意思を無視した数合わせを我々は民主主義とは言わない」と首相の座を蹴りました。そして三木が総理の座を掴んだのは、二十六年後。三木はその後、四半世紀の政治人生で茨の道を歩みました。そうした「憲政の常道」の伝統は、すっかり忘れられていました。

自民党から細川連立内閣への政権交代は「憲政の常道」に反していました。これは禍根《かこん》を残し、すぐにその結果が出ることとなります。

なお、日本国憲法下において、中選挙区制（大選挙区単記非移譲式）での政権交代は、占領期に社会党が吉田自由党に勝った第二十三回総選挙と、この時だけです。しかも、この直前の政治改革では、「小選挙区制を導入して政権交代を起こそう」と小沢らが主張しましたが、中選挙区制のまま政権交代をいびつな形で起こしたことで、分かりにくさが残りました。

このような事情で成立したので、細川内閣は安定しません。社会・新生・公明・日本新党・民社・さきがけ・社民連・それに参議院に特化した政党の連合の、八党派連立政権でした。党首は軒並み入閣し閣議がそのまま党首会談になるような状態なのはよかったのですが、小沢は各党の幹事長クラスを集めて代表者会議を行いました。結果、二重権力状態となります。特に小沢の独走が激しく、反小沢の反発が大きくなります。

選挙直後、内閣支持率は七〇％超を記録しますが、しょせんは「ご祝儀」でした。

小選挙区制導入に向けた政治改革

この頃は、第二次世界大戦後の国際情勢が大きく変わっていく時期です。平成元（一九八九）年十二月三日、米ソ首脳によるマルタ会談で冷戦終結が宣言され、翌平成二（一九九〇）年には東西ドイツの再統一が果たされます。平成三（一九九一）年一月に湾岸戦争が始まり、この年の年末にはソ連が崩壊と、世界は激動します。

平成四（一九九二）年に立ち上げられた日本新党は、冷戦終結や社会主義体制の崩壊を受けて新しい改憲論を掲げ、東西冷戦を背景とした保革対立の戦後政治体制を抜本的に改革することを提唱しました。また、戦後復興期から続く生産者保護からの規制改革へ官民で取り組むことや、地方の特色を尊重した地方分権を主張しています（村川一郎編著『日本政党史辞典　下　一八六八年〜一九八九年』国書刊行会、一九九八年）。そうした状況に対応するためにも、小選挙区制による強い政党と強い党首、そして強い総理大臣を作り出さねばならない、と考えられていました。

細川内閣は、政治改革関連法案を国会に提出します。目的は大きく三つで、一つ目は腐敗防止です。政治資金規正法の改正により、資金管理団体の設立や収支報告の公表により透明性を担保しました。これによって汚職のレベルが、かつての「五億円もらった」から「事務所費を誤魔化した」に変わっています。また、公職選挙法の強化によって昭和の酷い金権政治はなくなり、香典を配っただけで議員失職するくらいに連座制が厳しくなりましたから、一応の効果はありました。

二つ目は選挙制度です。小選挙区比例代表並立制を導入する公職選挙法の改正です。選挙制度そのものには、どのような制度でも利点と欠点がそれぞれありますが、中選挙区制の場合は、運用によって制度の欠陥を補うことはできても利点がないからです。

小選挙区制は、どんな実力者でも落選する可能性を選挙にもたらし、「落としたい人を落とせる」選挙になりました。田中角栄は「選挙区で鉄板の後援会を持っていれば、人殺しをやっても当選できる」と豪語し実践しました。あえて「人殺し」と言いますが、ロッキード事件では人が死んでいます。

また、小選挙区制は一つの選挙区から一人しか当選できません。そのため中選挙区制で可能だった談合ができなくなりました。

ちなみに、中選挙区制時代は一人の政治家の年間活動費は「一億円で済めば安い方」でしたが、今は数千万円規模です。金のかからない政治は実現しています。

三つ目は政党助成法です。政党交付金の規模に与野党で意見の差はありましたが、各政党ともに賛成です。予算額は、「日本の人口×五百円」が根拠です。つまり、「国民がコーヒー一杯を我慢して政党が無理な政治資金集めをしなくて済むようにすれば、政治は綺麗になる」と宣伝されました。ただし、政治資金規正法との関係で、本来は企業献金を禁止する代わりに政党助成金を設けようという趣旨だったのが、企業献金の全面禁止には至らず、政党助成金は政党側のもらい得になります。

また、五人から政党が作れるため、年末になると新党ができるという前近代的な光景が繰り広げられています。

調整と修正、参議院での否決と再修正など、紆余曲折を経て、平成六（一九九四）年三月、衆参両院で改正法案が可決・成立となりました。

政党の近代化はどこへ

すっかり忘れ去られている政治改革の目的は、「政党の近代化」です。「近代政党を作る」や「政党近代化」は、小選挙区制を導入した目的のはずでした。現代では、これを言っていたのは小沢一郎が最後で、その後は聞かれなくなってしまっています。

最近は野党の日本維新の会の幹部たち、あるいは自民党の茂木《もてぎ》敏充《としみつ》幹事長が口にしていますが、まだまだ政治の主要争点にはなっていません。

小選挙区制も政党助成法も、今日では政治の劣化の象徴のように言われています。確かに失敗した面も多々ありますが、政治の浄化という点では大きく成功しています。

そんなことより、政党の定義が法律になく、その定義が政党助成法で初めてなされたことの方が、よほど問題のはずなのですが。

では、なぜ政党近代化が忘れられ、本質的な改革がなされないのでしょうか。

一義的には、連立政権を我が物顔で牛耳った、小沢一郎一人の個性に収斂《しゅうれん》されます。とは言うものの、なぜ小沢氏が嫌われたのかに関し、意外と本質的な指摘がなされているのを聞いたことがないのですが。

小沢氏が常に敵を作り、今では「壊し屋」と呼ばれるのは、政党の民主的運営が稚拙だからです。そもそも、そんな概念が小沢氏にない、と言った方が正確でしょうか。

政党の民主的運営には、三つの要素が必要です。「自由な議論」「最終的な多数決」「再挑戦の機会」です。自由な議論とは、反対派を説得することでもあります。それでも納得しない場合は多数決で物事を決し、反対派には再挑戦する機会が与えられます。これもイギリスの議会がお手本です。議論の強い議員や候補者が政党で重んじられ、選挙に出て、選挙区で勝ち残った一人が議会へ行くのです。それを、派閥の理屈だけで選挙に有利になるとか、議論の能力に関係なく党や内閣の要職に就くことだけを続けていたら、候補者になる人や議員も育ちません。

三木武夫も派閥解消を軸とした政党近代化を目指し挫折しましたが、これを引き継いだのが小沢一郎でした。小沢一郎の批判を見聞きしてきた世代の人には意外かもしれませんが、小沢は派閥解消を求めていたのです。小選挙区制度を導入する目的は、派閥の力を弱め、党の権力を党首と幹事長に集中させることです。小泉純一郎などはこれを理解していたので、経世会支配が強くなりすぎると小選挙区制に反対していたのです。

実際に、現在は自民党の派閥の力が弱くなり、幹事長の権力が強くなっていますが、最初からそれが目的なのです。幹事長は選挙の責任者です。反主流派になると選挙で公認してもらえなくなるから、総主流派体制のようになります。派閥解消は、党内で派閥に足を引っ張られないような党首のリーダーシップを確立しようという趣旨なのです。

小沢の理想は「強力な近代政党の党首が、党内から足を引っ張られない総理大臣と閣僚のもとで役所に乗り込み、行政に対して立法府の議員が指導力を発揮する」です。小選挙区制と政党助成法は、強い政党の強い党首を作るのが目的なのです。

小沢の目的が間違っていたとは思いませんが、政党の民主的運営には失敗しました。ただでさえ、国会議員は昔で言えば「大名」です。大名を従わせるには、単に力だけでは無理で、民主的だと思わせないと抑え込めません。逆に「非民主的な運営だ」は、党幹部を糾弾する大義名分になりますし、実際に小沢は何度も追い込まれています。

民主的運営の三要素で言えば、小沢一郎は「最終的な多数決」と「再挑戦の機会」は常に言っています。一方で、途中経過での「自由な言論」をさせた話は聞きません。「勝ったら何をやってもいい、次の選挙で決めるまでおとなしく従え」となるので、独裁に見られてしまうのです。小沢は新生党以降も政党を立ち上げては解党したり分裂したりを繰り返しますが、この体質と手法が原因です。小沢にしてみれば「結果が良ければそれで良いではないか」なのですが、自由な議論という文化のないこと自体が、結果を出せないことにつながっているのです。

非自民党政権で政治改革を成立させたが……

さて、日本新党は、旗揚げからの出だしは好調でした。メディアが描いた細川護煕代表の「魅力的な党首」像は、熊本の殿様、近衛文麿の孫という名門の血筋、そして爽やかな若い政治家のイメージです。細川は、自ら「書生論」「理想主義」という既成政党を頭越しにした政治改革を掲げます（細川護熙編『日本新党　責任ある変革』東洋経済新報社、一九九三年）。キャッチコピーは「政治家総とっかえ」です。

では、細川内閣で政治改革が通って目的が達せられたのかと言えば、なかなかそうはいきません。小選挙区制の導入は、正確には現在まで続く小選挙区比例代表並立制となりました。落選した候補者の比例復活が可能になるため、現職が落ちにくい制度です。

また、平成六（一九九四）年二月に細川首相が突然発表した国民福祉税構想を機に、社会党が反対に回り、閣内でも一斉に批判が巻き起こります。連立している各党の閣僚に根回しせずに、いきなり発表したからです。おまけに、細川首相に政治資金関係の疑惑まで飛び出します。細川は、退陣してしまいます。

細川が退陣すると、後継首相には新生党代表の羽田孜が指名されます。首班指名の直後、小沢は社会党を外し、新生・公明・民社を中心とした会派「改新」を結成します。これに怒った社会党は、連立を離脱します。

細川内閣の時代から小沢は社会党をコケにし続けました。本書でさんざん見てきたように、日本社会党は存在そのものが恥ずべき集団です。また、当時はアメリカが北朝鮮の核開発を阻止するべく空爆をするのではないかとの緊迫した情勢でしたから、社会党のタワゴトなど聞いて政権運営などできません。だからこそ、社会党のご機嫌を取る必要があったのに、小沢はそれをしなかった。これが日本の運命に決定的な傷を残しました。

当時、連立政権が与党とは言え、最大野党は自民党なのです。

イギリス憲政において、少数政党が政権を握る時は、一年以内に再び解散総選挙を行い国民に信を問うのが慣例です。そもそも単独過半数を得る政党がない状態を「革命に近い状態」と呼ぶのがイギリス憲政です。巨大野党の自民党が健在なのに、何を考えて社会党を足蹴にして敵に追いやるマネをしたのか。

結果、五十五年体制においては裏で手を組んでいた社会党が、表で堂々と自民党と組む大義名分を自ら与えてしまいました。それに小沢が率いた細川内閣が協力する意思を示せなかったので、アメリカは北朝鮮空爆を断念しました。いくら超大国のアメリカとて、基地である日本の協力がなければ、空爆など大それたことはできません。今や北朝鮮が核保有国として我が物顔で振舞っているのは、周知の通りです。

羽田内閣が予算を成立させると、自民党は社会党の賛成を見越して内閣不信任案を提出しました。当時の河野洋平自民党総裁の大義名分は「憲政の常道を取り戻す」です。何を言っているのか分かりませんが、とにかく政権の座に戻りたいとの意思はひしひしと感じます。ちなみに野党時代の自民党は、官僚や業界団体の来客もなく、議員たちは暇を持て余していたとか。このみじめさと昨日までの栄耀栄華《えいようえいが》の落差が「与党に戻りたい」との原動力です。

自民党は昨日までの敵のはずの社会党の村山富市《むらやまとみいち》委員長を首班候補に担ぎ、小沢は海部俊樹を自民党から離党させ自民党を切り崩します。結果は、さきがけの票も得た村山が僅差で勝利しました。小沢は自民党を切り崩せば社会党など足蹴にして良いと考えたのでしょうが、稚拙すぎました。

自民党はたった十か月で政権を取り戻しました。非自民政権は、政治改革の成立だけを残して、消えていきました。

新進党と小沢一郎の挫折

細川内閣は明確な功績があります。中選挙区制を葬り去ったことです。大正末の護憲三派の妥協によってのみ成立した、この人類最悪の制度を平成の細川が葬り去りました。「たったそれだけか」と思われるかもしれませんが、平成以降の首相で細川ほどの功績がある首相が何人いるか。

早くから「中選挙区制に戻せ」論が蔓延《はびこ》り、細川内閣の政治改革は否定的に評価されています。とは言うものの、中選挙区制に何のメリットがあったのか。仮に戻すとしても、あのままに戻すよりも、連記制や委譲式を導入するなら考慮できますが、そんな話は聞きません。雑な議論ではなく、「今の小選挙区制」と「大選挙区連記制」や「大選挙区制委譲式」を比較衡量すべきでしょう。何度でも繰り返しますが、中選挙区制こと「大選挙区単記制非委譲式」は人類が考え出した最悪の選挙制度です。

さて、細川・羽田非自民政権の連立与党が野党に転落してから、旧与党の野党は迷走を重ねます。そして、日本にマトモな野党を作る絶好の好機を失います。

村山政権が成立した平成六（一九九四）年十二月十日、新進党が結成されます。新進党は、細川内閣の与党の大半が結束して作った巨大野党です。

新進党は、公募から党名を絞り議員の投票で決まった名前ですが、結党に至るまでは「新・新党」と言われていました。「新党」の次だから、「新・新党」です。社会党が与党となっていなくなり、新生党・衆議院公明党、民社党、日本新党、その他小会派の寄せ集めです。ちなみに参議院の公明党は独自路線を取り、新進党に参加しません。公明党の衆議院議員は、公明新党に分党して新進党に参加しています。平成六（一九九四）年十二月十日に結

表5-3　新進党の成り立ち

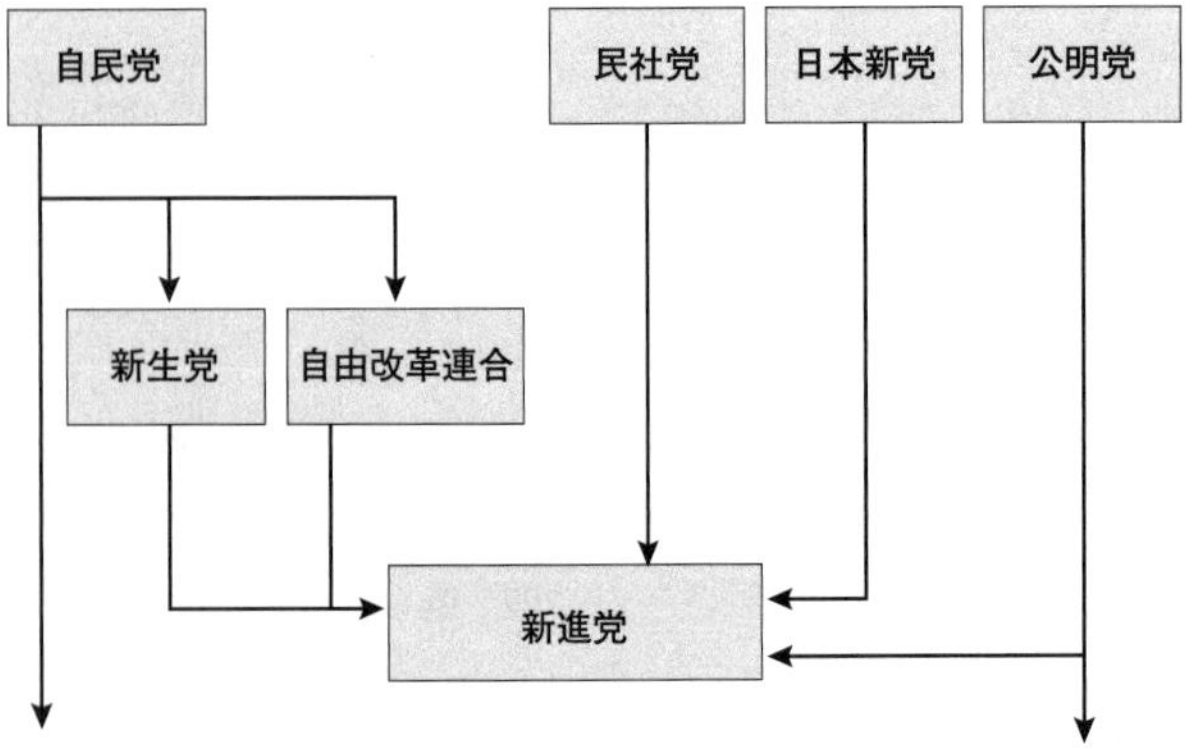

党大会が行われ、所属議員二一四人で正式に発足しました。うち衆議院議員は一七六人。未熟な政権運営ですぐに野党に転落した人たちですが、ここから育てれば健全な野党に成長する可能性は大いにありました。

何より、昭和三十（一九五五）年以降、野党第一党は革新であり、保革一・五大政党制だったのです。いや、社会党を「革新」と呼ぶなど褒めすぎで、存在そのものが憲政の変態、いるだけで日本の民主主義を腐敗させる害虫のようなものです。

平成六年にようやく二大政党が「保革」ではなく、「保保」になったのです。当時の新進党の幹部が、桂太郎や加藤高明に学んでいれば、その後の無残な歴史はなかったのでしょうが……。

では、なぜそうなったのか。

新進党はすぐに内紛を起こします。正式発足前に行った党首選に海部俊樹・羽田孜・米沢《よねざわ》隆《たかし》の三候補が立ち、この前日に幹事長就任が決まった小沢は海部を推しました。党首の前に幹事長を決めるのが、既にいい加減ですが。また小沢は、民社党委員長の米沢隆を立候補させました。羽田に近い民社党議員の票を削るためです。党首選の結果は小沢の狙い通り、海部が党首となりました。

新進党内部には、寄せ集め集団をまとめるのには、強引でも小沢の力が必要だという声と、小沢の手法を批判する声の両方がありました。

なお、翌平成七（一九九五）年の新年早々、与党内では社会党の山花貞夫《やまはなさだお》が離脱し、新党結成の動きを公然化しました。ところが、一月十七日に阪神・淡路大震災が起こり、それどころではなくなります。

敵を作る天才、小沢一郎

この頃の日本経済は、バブル崩壊により金融機関が抱えることとなった不良債権の問題が深刻化しつつありました。大蔵大臣になったら、政治生命が終わるような時代が到来しました。日本経済が危機に瀕する中で二百人を超える議員を抱える野党第一党も大概です。ひたすら小沢vs.反小沢の内輪揉めをしていたからです。

震災発生から三日後に召集された通常国会では、党首の海部が行った代表質問が村山首相に軽くあしらわれ、党内から批判が出ます。さらに、年初の新党結成の動きと関わった院内会派、民主新党クラブによる質問に乗る形で、与党自民党側が審議を新進党幹部批判へと誘導しました。標的となったのは、小沢側近の山口敏夫や中西《なかにし》啓介《けいすけ》です。さらに、自民党は反創価学会の動きも始めました。

それでも、七月の参議院選挙で新進党が四〇議席を獲得する躍進を見せると、連立与党の自民党は危機感を深めます。九月の総裁選では、河野洋平から橋本龍太郎に総裁が交代します。村山内閣がそう長くはもたず解散総選挙となることを前提とした動きです。

新進党の側も、果たして海部で総選挙を戦えるのかという疑問から、細川護熙が再始動していました。これに羽田グループが加わると、対抗する小沢側は、幹事長の小沢を党首選に立候補させるという荒業に出ます。渡部恒三の仲裁も虚しく、羽田vs.小沢の一騎打ちとなりました。この過程で、細川内閣を作る時からずっと盟友関係にあり「一・一ライン」と呼ばれた元公明党書記長の市川《いちかわ》雄一《ゆういち》と小沢も大喧嘩となります。

この時、新進党はオープン・プライマリー制の導入を発表しています。アメリカで一部の州が採用している予備選挙の手法の一つで、党員ではなくても投票に参加できる制度のことです。細川護熙がぶち上げ、具体化したのは江《え》田《だ》五月《さつき》です。党員は当然投票権を持っていますが、その他に十八歳以上の国民なら誰でも、事前に配布された所定の払込票で郵便局から千円を払い込めば、国会議員や党員と同じ一票がもらえるという代物です（江田五月会「五月会だより」№79、１９９５年１月）。その所定の投票用紙には、誰が発行責任者か、議員の名前が印刷されていました。

どうでもいい話ですが、当時の政治好き学生たちは、投票用紙をメンコのように交換していました。「小沢一郎一枚と羽田孜二枚」とか、「愛《あい》野《の》興一郎《こういちろう》五枚と羽田孜一枚」とかのレートで。

党首選では小沢の圧勝となりましたが、党内での小沢批判は強まります。

翌平成八（一九九六）年一月には村山内閣が退陣すると、自民党の橋本龍太郎が後継内閣を作り、九月に衆議院を解散、総選挙となりました。十月二十日に行われた第四十一回衆議院議員総選挙では、新進党は一五六議席と微減します。自民党の党勢は回復基調にあり、さらにこの時、新党さきがけから離党した鳩山由紀夫や菅直人らが結成した民主党が最初の選挙に臨み、五二議席を維持して第三党となっています。

選挙の前には、羽田側近の船田《ふなだ》元《はじめ》が鳩山と新党を作る噂が流れ、自民党には保保連携を持ちかけられて党内が動揺した挙句、十二月には羽田孜が太陽党を作って新進党から離れます。翌平成九（一九九七）年六月には細川が離党し、年末にはフロム・ファイブという政党を立ち上げました。政党助成法では「五人の国会議員がいる政党には助成する」となっているので、「フロム・ファイブ」です。張本人である細川の、あからさまな金目当ての行動によって、平成の政治改革は悪評だらけとなります。

十二月十八日の党首選では、反小沢派が鹿野《かの》道彦《みちひこ》を担ぎ、小沢と争います。僅差で勝った小沢は、党首選から十日足らずで新進党解党を言い出して、自由党・新党平和・新党友愛・国民の声・黎明クラブ・改革クラブに分かれることとなりました。

新進党での小沢は、どんどん昨日までの友達と喧嘩を始めていき、最終的に空中分解してしまったのです。政界再編を期待する世論を背に受けて、せっかく革新ではない野党第一党ができたと思ったら、ただひたすら内部で小沢 vs. 反小沢の争いを繰り広げただけで終わってしまいました。最後はかつての盟友の市川雄一に公衆の面前で罵られ、小沢が悔し涙を流す場面が映し出されていました。

そうした争いを嫌ってできたのが、民主党です。新進党が分解した後、大多数が民主党に合流していきました。

民主党——政権を取る意志を持つ野党第一党

史上最悪の民主党政権とさんざん言われましたし、今も言われています。

民主党を庇う気はまったくないのですが、社会党と民主党を比べれば明らかに社会党の方が、はるかに罪が重いでしょう。社会党は政権を取る意志がない。政権担当恐怖症になるのみならず、他のマトモな野党が登場するのを阻止し続けました。

野党第一党に政権を取る意志がないと自民党の補完勢力でしかなく、自民党政権は永遠に続いていきます。中選挙区制の時代は自民党と野党第一党の社会党で談合体制が成立していました。ですが、細川護熙内閣が平成六（一九九四）年に成立した政治改革によってこの体制に変化が生じます。

政治改革、特に小選挙区制の産物が民主党でした。と言っても別に民主党のために小選挙区制があったわけではなくて、新進党が空中分解したので、民主党が小選挙区制で野党第一党にのし上がったのが実情です。新進党がその後も存続していれば保守二大政党制、せめて保保一・五大政党制は続いたでしょう。保革一・五大政党制に戻ることはなかったはずです。

民主党は平成八（一九九六）年九月に新党さきがけを離党した、鳩山由紀夫と菅直人の二人代表制のもと結党されました。この時期の民主党は後と区別して、「鳩菅民主党」と呼ばれます。

当初の鳩菅民主党は、日本新党と新党さきがけで当選できる人の受け皿となりました。結党の際に鳩山由紀夫と菅直人は、社会党の村山富市委員長や新党さきがけの武村《たけむら》正義《まさよし》代表など手垢がついた人を排除していきました。村山富市は首相時代の阪神・淡路大震災での無能ぶりがあり、武村正義は親北朝鮮派で北朝鮮への情報漏洩に関与している可能性が疑われた人です。もっとも、村山富市や武村正義は排除することができましたが、民主党の事務局には社会党左派がついてきてしまいました。

鳩菅民主党は政権を取る意志がありました。

鳩菅民主党の最初の選挙は平成八年十月二十日、第四十一回衆議院議員総選挙です。この選挙から小選挙区制が実施されました。鳩菅民主党は選挙前の五二議席を維持し、横ばいとなりました。自民党は二八議席を伸ばしましたが二三九議席で過半数には届かず、野党第一党の新進党は四議席を減らして敗北します。

野党第一党の新進党は、羽田孜や細川護熙らの離党や自民党による引き抜き工作で分裂していきます。平成九（一九九七）年十二月二十七日に新進党は両院議員総会を開きます。新進党の分党と新党の結成を小沢一郎党首が宣言をして、新進党は解党しました。鳩菅民主党は新進党の残党をかき集めて野党第一党になります。

ところが、平成十（一九九八）年七月十二日の第十八回参議院議員通常選挙では、自民党は一六議席を減らす大敗を喫します。橋本龍太郎首相は退陣します。参議院の過半数割れに苦しんだ後継の小渕恵三内閣は、小沢一郎が党首の自由党と自自連立内閣を組むことになります。

平成十一（一九九九）年十月五日、第二次小渕改造内閣で公明党が連立政権に加わり、自自公政権となります。自民党と公明党の連立政権はここから始まり、現在に至ります。

平成十二（二〇〇〇）年四月一日に自自公連立政権から自由党が離脱します。その際に自由党の小沢一郎党首についていかなかった人が二階俊博です。二階俊博は保守党を結党して自民党との連立を維持し、自民党・公明党・保守党の自公保連立政権を組むことになります。

小沢一郎が自民党との連立から自由党を離脱させた理由は、親中派の野《の》中《なか》広《ひろ》務《む》と公明党に政権運営を仕切られては困るためでした。小沢一郎は、小渕首相に「自民党と自由党を同時に解消して、新党を作ろう」と持ち掛けていましたが、断られてしまいました。

――あなたは「自民党も自由党も解散して、新しい党をつくろう」と提案したという説がある。

小沢　それは大きな（政党再編の）話だけど、無理だというのなら、政策協定を実行しろと。そうでなければ連立の意味がないと僕は言って、ようやくクエスチョンタイム（党首討論）ができた。今残ってるのはあれ一つだけです。

（小沢一郎氏が語る「自自連立の内幕と小渕氏との最後の会談」
『週刊ポスト』２０１９年5月17・24日号）

それはともかく、小沢と面談をした翌日に小渕首相は脳梗塞に倒れ、帰らぬ人になります。普段は言い訳をしない小沢一郎がこの時は「これは俺のせいじゃない」と延々と言い訳をしていました。

――最後は自自公3党首会談で自由党が連立離脱した翌日に小渕総理が倒れた。

小沢　僕が原因みたいに言われてね。悪いことはみんな僕のせいです。

――3党首会談では総理に変調を感じたか。

小沢　いや、全く。小渕さんはもともと心臓に持病があって、僕がもっと若い頃に小渕さんが郵政の部会で倒れ、担いでいって控室で寝かせたこともある。心臓だから突然（発作が）来たのでしょう。

（小沢一郎氏が語る「自自連立の内幕と小渕氏との最後の会談」前掲『週刊ポスト』）

何かあったのでしょう。

それはともかく、小渕後継は森《もり》喜朗《よしろう》となります。幹部が談合したので「五人組」と批判されました。再び、政治腐敗への批判が強まります。

小泉純一郎――政友会と民政党の遺伝子が残る自民党

平成十二（二〇〇〇）年六月二十五日、第四十二回衆議院議員総選挙が行われます。前回の衆議院選挙で自民党は二三九議席でしたが、新進党解党後の多数派工作で数を増やしていました。公示日には自民党は二七一議席です。

議員が引き抜かれた代表例は、自民党の石破《いしば》茂《しげる》です。平成五（一九九三）年、細川連立政権が誕生し、自民党が野党に転落します。石破は自民党の政治改革関連四法案への方針に反対したことから役職停止処分を受けます。すると、森喜朗幹事長に「こんな党にいても何もできない」と啖呵を切って自民党を離党します。石破は、「改革の会」「自由改革連合」「新進党」と流浪の遍歴を重ねますが、自民党に風向きが変わったと判断すると、平成九（一九九七）年三月に臆面もなく自民党に復帰します。野党に転落した自民党から他の野党に引き抜かれ、野党から与党に戻った自民党に引き抜かれています。与野党の両方で引き抜かれたから石破茂は嫌われています。

　このような議員の引き抜きによる多数の形成は民意に反しています。そのため、自民党は選挙前に二七一議席あったのが、三八議席を失う大敗を喫します。

　客観的な事実を見ていくと、この時の日本人のリテラシーの高さに気づきます。選挙に拠らない自民党の多数派工作による議席増を有権者は認めていませんから。

　森首相は、衆議院選挙で大敗し、その後も稚拙な政権運営を繰り返したので、最後は自民党内の全派閥の領袖から「森さん、辞めてくれ」と迫られていきます。その中で小泉純一郎が一人で森喜朗を庇いました。「小泉さん、アンタが首相をやってくれ」と日本中が言っている中で、小泉純一郎が森喜朗を庇うという凄い状況です。森内閣は、平成十三（二〇〇一）

年四月に支持率七％を記録します。ＮＨＫの調査では、歴代の内閣支持率で最低の数値です。日本中が「森さん、辞めてくれ」という状況でも森喜朗は退陣しません。支持率が何％に下がっても、総理大臣本人が「辞める」と言わない限り引きずりおろせないのが日本の総理大臣です。森喜朗は小泉純一郎に政権を譲るために、一番良いタイミングまで粘ってから辞めています。

小泉純一郎に政権を譲る一番良いタイミングが、平成十三（二〇〇一）年七月二十九日の第十九回参議院議員通常選挙の直前でした。

小泉は全国行脚で「脱派閥政治」を訴え、当選しました。自民党の党員は、「政治に詳しい普通の人」です。世の中の空気を読みます。国会議員も「自分を当選させてくれる総理総裁」を望みます。マスコミは、平成研究会（経世会の後身）を背景にした橋本龍太郎の当選確実と報じていましたが、小泉はひっくり返しました。

これに世論は熱狂、「談合の森」から「脱派閥の小泉」になり、「小泉劇場」と呼ばれる熱狂が訪れます。内閣支持率が七〇％を超えた状況を追い風に自民党は参議院選挙で三議席を増やして勝利しました。

小泉は所属する森派を離脱しましたが、小泉こそ派閥政治家です。小泉は一匹狼と言われましたが、福田赳夫、安倍晋太郎の歴代領袖の側近です。安倍後継の跡目争いでは、森と小泉が味方をしたのが決定打で、三塚《みつづか》博《ひろし》が後継領袖となりました。その次の森喜朗は、日本中から叩かれ四面楚歌な状況なのに、「森派会長」の小泉が支えたから退陣の時期を選べました。

中曽根内閣以降、現職首相は派閥を離脱するのが慣例でしたから、森内閣の間は小泉が派閥を預かっていました。今度は同じ派閥の小泉が首相になったので、森と入れ替わっただけです。また、小泉は橋本派の青木幹雄を切り崩して総裁選に勝利し、青木と組んで政権運営を安定させていました。実は、小泉ほど練達の派閥政治家もいないのですが、マスコミは気にしません。

第十九回参議院議員通常選挙は、「小泉旋風」で自民党の圧勝となります。小泉は、公明党との連立を組んで参議院の多数を維持します。そして公明党に対しても、主導権を発揮し続けました。

それにはいくつかの要因がありました。要因の一つが、小泉純一郎の誰もが知る「公明党嫌い」です。経済人類学者の栗本《くりもと》慎《しん》一郎《いちろう》が主宰するラジオ番組に、ゲストとして呼ばれた小泉純一郎が「公明党嫌い」を露わにした話があります。栗本が「私は学会から政界にきた」

表５-４　清和会（現清和政治研究会）の系譜

領袖	会長就任	備考
福田赳夫	1979年（昭和54年）	岸信介派の分裂に際し、福田は池田勇人首相を攻撃する党風刷新連盟を結成。福田派の母体に。佐藤栄作内閣では一貫して主流派に。しかし、田中角栄との角福戦争ではほとんど敗北。1976年にようやく首相に就任するが、２年後に現職首相でありながら自民党総裁選で敗北して退陣。その後も領袖に居座り続け「怨念政治」と批判された。なお、清和会の呼称は1979年から。
安倍晋太郎	1986年（昭和61年）	岸の女婿で、早くから「プリンス」「銀のスプーンを加えて生まれてきた男」「若いのに床の間を背にすると妙によく似合う」と言われるが、二度の総裁選では敗北。病に倒れ、首相の座は届かず。派内運営は、塩川正十郎（しおかわまさじゅうろう）・三塚博・加藤六月（かとうむつき）・森喜朗の「安倍派四天王」が支え、安定。
三塚 博	1991年（平成３年）	安倍死後、加藤との三六戦争を制し、派閥の領袖に。森と小泉の支持が大きかった。しかし国民的人気はなく、「疑惑の博物館」と言われるほど資金集めでは苦労した。総裁選には一度しか出馬できず、竹下派の分裂で一時的に第一派閥になるが何もできず。
森 喜朗	1998年（平成10年）	絶妙な政界遊泳術で党内第二派閥の領袖に。総裁選で小渕擁立に反対する亀井静香（かめいしずか）らを追放。小渕内閣では幹事長。小渕の死に際しては幹部の談合で首相に。
小泉純一郎	2000年（平成12年）	森が首相就任で派閥を離脱中に会長就任。なお、小泉は生粋の派閥政治家。清和会を完全に掌握していた。
森 喜朗	2001年（平成13年）	小泉が総裁選出馬に際して派閥を離脱したので復帰。小泉内閣を通じて一貫して総裁派閥。続く安倍晋三内閣も擁立。最大派閥に。
町村信孝《まちむらのぶたか》	2006年（平成18年）	実質的には森派のまま。安倍退陣を受け、福田康夫内閣を擁立。2012年総裁選では、町村と安倍の二人が出馬。安倍の当選で、町村の影響力を失われていく。
細田博之	2014年（平成26年）	安倍長期政権の番頭。
安倍晋三	2021年（令和３年）	細田の衆議院議長就任で安倍が会長に。名実ともに安倍派に。

と言ったら、「栗本、そんなことを言うな」と血相を変え、「政界ではガッカイといえば創価学会のことだ。誤解されるぞ」とアレルギーをあらわにしたとか（栗本慎一郎『純個人的小泉純一郎論』イプシロン出版企画、二〇〇六年、六三頁）。

そして、小泉内閣で盛り返したもう一つの要因は、小泉純一郎が青木幹雄と手を組んだからです。青木幹雄は「竹下登の側近中の側近」として活躍し、竹下の死後は「参議院のドン」として小泉純一郎を担ぎます。

自民党内の派閥構成としては、小泉純一郎が最大派閥である森派を実質的に押さえています。森派（小泉派）に山崎拓派がついてくる形で百人を超える大派閥となっていました。橋本龍太郎と平成十三（二〇〇一）年四月の総裁選で争うのですが、その時点で橋本派を上回る勢力になっています。森派（小泉派）と山崎派、そして加藤紘一の派閥が組んで「ＹＫＫトリオ」と呼ばれていました。「ＹＫＫトリオ」と「参議院のドン」の青木幹雄と組んでいる小泉内閣は、常に自民党内で過半数を押さえることができました。

公明党と連立を組んでいると、青木幹雄の力が落ちるのではないかと言われていましたが、実態は逆です。青木幹雄と組んでいれば公明党に気兼ねしなくて良いのです。立場を尊重さえすれば裏切らない青木幹雄がいれば、絶対に総裁選に勝つことができます。小泉純一郎が青木幹雄と宿敵の公明党のどちらと手を組むのかと言うと、当然ですが青木幹雄です。

　では、小泉内閣時代の公明党は何をやっていたかと言うと、与党としての経験をひたすら積んでいました。平成十三（二〇〇一）年の公明党のテレビCMでは、公明党の神崎《かんざき》武法《たけのり》代表が出演し、「そうはいかんざき」などと駄洒落を言っていました。平成十七（二〇〇五）年にも、「あの親父ギャグが帰ってきた！」などとCMをやっていました。

　さて、郵政民営化を旗印に改革を進めた小泉純一郎は、それまでの自民党派閥の政治を変える改革派の政治家と言えました。自民党は見事にイメチェンに成功しました。小泉と同じような改革派の自民党政治家は三木武夫と海部俊樹も当てはまります。三木武夫・海部俊樹・小泉純一郎の三人は源流を辿ると民政党に行き着きます。

　三木は戦前は、思想的には民政党系保守で民政党系無所属になります。既成政党である民政党が力をなくしていたため入党しなかっただけの人です。憲政の常道の時代だったら間違いなく民政党に入っていました。

　海部は昭和三十一（一九五六）年、早稲田大学大学院を中退し、改進党代議士の河野《こうの》金昇《きんしょう》の秘書となりました。改進党は民政党の後継政党です。

　小泉の場合は、父親である小泉《こいずみ》純也《じゅんや》は民政党の職員から議員となり、祖父の小泉《こいずみ》又次《またじ》郎《ろう》は民政党幹事長を務めていました。又次郎と純也の二人が別選挙区で同時に議員に当選していた時代もあるのですが、戦時下で親子そろって大政翼賛会と戦っていました。

ちなみに、小泉一族は神奈川十一区を地盤にしていますが、今の小泉進次郎はＴＰＰ（環太平洋パートナーシップ協定）に賛成していました。ＴＰＰは、輸出に強い都市部の製造業に有利で、保護をされてきた農協などが反対をしていた行政問題です。農協を支持団体の一つとしている自民党議員はＴＰＰに賛成を表明しにくいのですが、神奈川十一区は、都市部の製造業に当てはまる選挙地盤でした。地方の農協などを選挙地盤とする自民党ですが、小泉進次郎は地方選出の政治家ではないので、こういう言動が可能です。

基本的に自民党は政友会の遺伝子を引き継いでいるのですが、自民党が本当に潰れそうになると民政党の遺伝子を持ち出して、都市の有権者の離反を防ぎにかかります。

民主党が政権を目指す意志を持っていたが能力を伴わなかったのは、自民党が持っている民政党の遺伝子である、都市の有権者の票を引き込めなかったためです。

小泉政権時代の選挙で健闘していた民主党

それでも民主党が小泉時代の選挙で、意外と健闘している事実は見逃せません。

平成十三（二〇〇一）年七月二十九日の第十九回参議院議員通常選挙の結果、自民党は二四七議席中、一一〇議席。民主党は五九議席です。

平成十五（二〇〇三）年十一月九日、第四十三回衆議院議員総選挙で、自民党は一〇議席を減らすことになります。追加公認をして過半数の二四〇議席を辛うじて確保します。対する民主党は一七七議席です。

平成十六（二〇〇四）年七月十一日、第二十回参議院議員通常選挙は、「人生いろいろ選挙」と呼ばれています。小泉首相が勤務実態のない会社員時代に厚生年金に加入をしていた問題を追及され、国会答弁で「人生いろいろ、会社もいろいろ」と発言したことが批判された中での選挙でした。選挙前の目標、五一議席に届かず、四九議席となり自民党は敗北しました。これで非改選と合わせ、一一五議席。民主党は五〇議席、非改選と合わせ八二議席の大躍進です。

郵政選挙の印象が強すぎるのですが、民主党から見て一勝三敗です。そのうち二回は善戦です。小泉内閣時代の民主党は、何もできていませんでしたが、野党第一党は維持しています。民主党には政権を目指す意志があったので、小泉内閣の時代に二大政党制が出来上がりつつありました。

さて、郵政選挙です。

平成十七（二〇〇五）年九月十一日第四十四回衆議院議員総選挙は、参議院での郵政民営化関連法案否決を受けて、小泉は衆議院を解散しました。小泉は造反派を追放したので公示日に自民党は二一二議席ですが、二九六議席へと大幅に議席を増やす圧勝をします。その後、郵政民営化法案を参議院で通して、花道退陣に至ります。事実上の任期満了をして禅譲した唯一の自民党総裁となります。

この選挙では郵政民営化法案に反対した自民党議員に公認を出さず、刺客候補が擁立されました。小選挙区制だからこそ可能でした。

三木武夫内閣の時代の「三木おろし」の時とは違いました。三木おろしの時は中選挙区制のため、同じ選挙区に三木派と反三木派が公認される事態となりました。有権者は誰に投票すればいいのか分からなくなります。三木首相を応援したくても自民党に投票すれば、反三木派も当選してしまいます。全選挙区に三木派がいるわけではありませんし、いても反三木派を落とせるとは限りません。落としたい候補者を落とせない、複数人が当選する中選挙区制の弊害です。

ですが、郵政解散選挙では郵政民営化に賛成ならば、自民党に所属していなくても小泉純一郎の人気が追い風となって当選につながり、反対派を落選させることができました。
「郵政解散選挙」と「三木おろし」を比べることは、小選挙区制と中選挙区制のどちらがマシな制度かを考える材料になります。小選挙区制が良いとは言い切れませんが、中選挙区制は民意が反映されない制度なのは間違いありません。選挙制度という観点から見ると、小選挙区制の方が中選挙区制よりは、はるかに優れています。

三木おろしの時に、小選挙区制だったら三木武夫は反三木派に刺客を立てて選挙で勝利していたでしょう。逆に、郵政解散選挙が中選挙区制で行われていたら小泉純一郎は三木の二の舞でしょう。

参議院選挙で勝利し、民主党が政権を獲得

驕る平家は久しからず。

自民党は何度目かの結党以来の危機を乗り越え、郵政解散で我が世の春の多数を得ました。

参議院では相変わらず過半数を得ておらず、公明党との連立を組まねばなりませんが、衆議院では公明党と合わせて三分の二の多数を得ていました。

小泉退陣の時点で、誰が民主党の政権奪取を予想したでしょうか。

禅譲されたのは安倍晋三です。平成十八（二〇〇六）年九月二十日の自民党総裁選挙は、安倍晋三、麻生太郎、谷垣《たにがき》禎一《さだかず》が立候補しました。麻生太郎と谷垣禎一が熾烈な二位争いをしていましたが、安倍晋三が一位になることは最初から決まっていました。九月二十六日に安倍内閣が発足します。

第一次安倍内閣は、防衛省昇格や教育基本法改正、憲法改正国民投票法など、多くの行政問題に取り組みましたが、それだけに反発も招きました。その反省から返り咲いた時は何もしなかったのかもしれませんが、それはともかく第一次内閣では猛然と仕事をしていましたが、仕事をすれば摩擦と反発が起こるのは当然です。

そこへ小泉内閣の選挙で唯一の敗戦となる原因となった、年金記録問題が再燃します。思えば、閣僚が若い頃に年金を納付し忘れたかどうかの、天下国家とまったく関係のない問題が選挙の最重要争点とされます。そこに閣僚の不祥事が重なります。

平成十九（二〇〇七）年七月二十九日の第二十一回参議院議員通常選挙は、自民党は二七議席を減らす大敗です。対して、野党第一党の民主党は二八議席を増やす大勝利を納めます。民主党は平成十六（二〇〇四）年七月十一日の第二十回参議院議員通常選挙に引き続き、二回連続の勝利で、参議院では自民党の八三議席を上回る一〇九議席となりました。

安倍は、なおも政権にしがみつきましたが、一か月半後に病気退陣となりました。後継は福田康夫《ふくだやすお》となりますが、あからさまなワンポイントリリーフです。

当時の民主党は、過去の野党第一党であった社会党とは比べ物にならないくらい頑張っていたのですが、小泉内閣が強すぎたのです。新進党は衆議院選挙に一度敗北しただけで崩壊しましたが、民主党は同じ失敗をしませんでした。

民主党は参議院選挙に二回連続（平成十六年、十九年）で勝利をして、ねじれ国会に持ち込んだことが重要です。ねじれ国会による象徴的事件が日銀総裁人事でした。

日銀総裁人事は国会同意人事であり、日本経済の命運を握っています。与党が希望する日銀総裁を据えないと、内閣は思うような経済政策ができなくなります。

衆議院では多数を確保していますが、参議院は野党第一党の民主党が多数を握っています。国会同意人事に衆議院の優越はないため、自民党は野党第一党の民主党の賛成を得られないと人事が決められません。

平成二十（二〇〇八）年、福田内閣の時に行われた日銀総裁人事では、元財務事務次官で当時日銀副総裁だった武藤敏郎《むとうとしろう》を次期総裁にする案を提示しました。しかし、参議院で多数を押さえる野党第一党の民主党は、自民党の提示案を二度にわたり拒否し、財務省出身の日銀総裁は認めないと強硬に主張します。日銀総裁が一か月近く不在の事態となり、自民党の福田首相が折れて、民主党が求める白川《しらかわ》方明《まさあき》を総裁に認めました。

日銀総裁は日本経済を握っています。その人事は参議院が決めるのです。参議院を制する者が日本を制す。参議院選挙の二連勝で与党を追い込むとは、これほどの意味があるのです。福田は何もできずに退陣、後継は麻生太郎になりました。もはや小泉時代の自民党の我が世の春は、忘却の彼方でした。

日銀総裁人事があった同年九月十五日、アメリカの投資銀行であるリーマン・ブラザーズが経営破綻したことに端を発した、世界規模の金融危機リーマン・ショックが起きました。麻生は「日本経済は全治三年」と宣言して大型補正予算を組みます。麻生首相と白川日銀総裁は互いに協調し合いながら経済政策を実施しますが、内容は日銀のデフレ維持政策を事実上支持していくということでした。デフレ下にデフレ政策を推進し、リーマン・ショックと何の関係もない日本を地獄に叩き落としてくれました。

麻生内閣が経済政策を間違えて日本を地獄に落としたのは、野党第一党の民主党にとっては僥倖《ぎょうこう》でした。

平成二十一（二〇〇九）年八月三十日、第四十五回衆議院議員総選挙の結果、民主党は一

つの政党が獲得した議席としては戦後最多となる三〇八議席を獲得し大勝します。民主党は衆議院で過半数を獲得し、政権交代を成し遂げました。

平成二十一年九月十六日、民主党は鳩山由紀夫内閣を発足させます。参議院で安定した政権運営をするために、社民党と国民新党との連立内閣でした。参議院で社民党は五議席、国民新党は四議席と少数政党ですが、小沢一郎幹事長は政権運営では気を使うことになります。

民主党の内閣がすべて一年で潰れた理由

財務事務次官を務めた故香川《かがわ》俊介《しゅんすけ》氏は、イギリスのチャタムハウス（王立国際問題研究所）に出向した際、「政治家と官僚　日英比較研究」という論文を書いています。竹下内閣の時、官房副長官だった小沢一郎に秘書官として仕え、消費税導入の調整を行ったのが縁で、生涯の付き合いとなりました。香川は、イギリスの政官接触禁止の例を引いて、官僚が直属の上司となった閣僚以外と接触することを禁じ、権限や責任のない与党政治家に政策介入させないルールを作ることを説いています。実際に小沢は、後に民主党政権となった時も、幹事長への陳情一元化や政策調査会の廃止を行い、政策に対する横やりが入るのを阻止しようとしました。この論文の思想を実現しようとしたのだと思われます。

やりたいことはいろいろあったのでしょうが、現実の民主党は政権交代を果たした後に何もできませんでした。

政権を取るまでの民主党は、言われるほど悪くはありません。問題は政権を奪った後です。総選挙で政権奪取した他の政権と比べてみましょう。

大正十三（一九二四）年六月十一日に発足した加藤高明憲政会内閣は「男子普通選挙」を唯一の合意とした、政友会・革新倶楽部との護憲三派連立内閣でした。「男子普通選挙」を通すことはできたのですが、連立与党の政友会が造反します。大義名分は憲政会が進める行財政改革への反対です。連立内閣でやりたいことが「男子普通選挙」と「行財政改革」の二つあったため分裂したのです。ただ、政友会が連立から離脱しても憲政会は持ちこたえて、政友会との二大政党の一角に成長します。

平成五（一九九三）年八月九日に発足した細川護熙連立内閣は、小選挙区制を柱とする政治改革を旗印に非自民党・非共産党の八政党（日本新党・社会党・新生党・公明党・民社党・新党さきがけ・社会民主連合・民主改革連合）が連立を組んだ内閣でした。政治改革を通した瞬間に仲間割れが始まりました。小選挙区制の法案を通しただけで一回も選挙をやらずに仲間割れをしたのは、小沢一郎のやり方が稚拙だったためです。自滅していく細川連立内閣を横目に、自民党が与党に復活していきました。

そして、鳩山由紀夫民主党内閣がやりたいことは「政権交代」だけでした。いろいろと細かいこともありますが、基本的にこれだけです。そのため政権交代をした瞬間に、党内で仲間割れが始まります。民主党政権三年三か月で無能の限りを尽くし、そして復活した自民党は空前の長期政権となります。

このように並べてみると、やりたい政策が二つ以上でもゼロでも駄目ということが分かります。

そして、戦前の加藤高明憲政会内閣は別として、細川護熙連立内閣と鳩山由紀夫民主党内閣の共通点は「自民党を一回しか衆議院選挙で負かしていないのに仲間割れをした」ということです。仲間割れをしたら自民党につけ込まれて政権を取り返されています。これが戦後史においては決定的な理由になります。

つまり、自民党は衆議院選挙を二回連続で負ける前に政権を取り返しています。こんな政党は、世界の民主国で日本くらいです。

民主党政権時代に自民党は野党暮らしを三年三か月経験しますが、もう一年野党暮らしが続いたら党本部を手放さなくてはいけないぐらいに借金がかさんでいました。

党本部から自民党を追い出すには、二回連続衆議院選挙で自民党に勝たなくてはいけません。そうなると参議院選挙も二回以上連続で勝つ必要が出てきます。

平成二十二（二〇一〇）年五月三十日に民主党と連立を組んでいた社民党が離脱していきます。同年六月四日に鳩山由紀夫内閣は総辞職し、六月八日に菅直人内閣が発足します。

同年七月十一日、第二十二回参議院議員通常選挙が行われるのですが、民主党は一〇議席を失い四四議席となります。自民党は一三議席を増やして五一議席となり、自民党が参議院第一党の座を取り返しました。民主党は、今度は自分がねじれ国会に苦しむことになります。

ここから、民主党政権時代の鳩山由紀夫・菅直人・野田《のだ》佳彦《よしひこ》の各内閣がなぜ一年で潰れたのか理由をお話しします。鳩山由紀夫内閣が潰れた理由は、普天間基地移設問題を巡る混乱などにより、参議院選挙前に内閣支持率が二一％と下がっていたため退陣に追い込まれました。

菅直人内閣が潰れた理由は、菅直人の性格が悪いことが問題だったわけではなく（本当にそう考えている人もいますが）、参議院のねじれが原因でした。野田佳彦内閣も同じ理由で潰れました。

衆議院には予算の先議権があり、衆議院が予算の決定権を持っていることになります。ですが、昭和五十（一九七五）年以降は赤字国債（財政赤字などを補填するために、税収だけでは足りない分を資金調達のために国が発行する国債）の発行が常態化しています。赤字国債は国家予算の半分を占めており、発行できないと歳入に穴が開いて予算執行ができません。その赤字国債を発行するためには、特例公債法を通す必要があります。

予算そのものに関しては衆議院が優越しますが、特例公債法は一般の法律の扱いです。一般の法律は両院の可決が原則として必要です。参議院で法案が否決されても、与党が衆議院で三分の二の議席を持っていれば再可決し、法案を通せます。ですが、衆議院で三分の二の議席を確保するのは至難の業です。

つまり、参議院の過半数を野党が握っている状態だと、特例公債法を通すために与党は頭を下げなければいけません。民主党が与党の時代は、自民党が参議院第一党になっていました。菅直人と野田佳彦は特例公債法を通すために自民党に頭を下げて、総理大臣の首を差し出したわけです。

平成二十四（二〇一二）年、野田佳彦内閣は通常国会で消費税増税を通した後、特例公債法案を可決しないまま九月八日に閉会してしまいました。この通常国会の後半には既に予算枯渇が始まり、地方交付税や国立大学教員の給料の遅配などの行政麻痺が起きていました。

特例公債法がようやく成立したのは臨時国会解散の前日、十一月十五日でした。参議院の国対委員長だった自民党の脇雅史《わきまさし》は「特例公債法をぶっ潰して解散総選挙に追い込んでやる」と宣言し、見事その通りにしましたが、国家崩壊が始まっていることを理解していなかったのでしょう。

野党の時の自民党は「政権を取る」という意欲以外に、褒めるところがありません。

平成二十四年十二月十六日の第四十六回衆議院議員総選挙で、民主党は一七三議席を失うボロ負けをして壊滅します。一気に五七議席まで転落しました。

この時、日本維新の会が五四議席。友党だったみんなの党が一八議席です。もしここで維新とみんなが合党までできなくても、院内会派を組むだけで野党第一党を奪えました。しかし選挙前からこの両党は主張が強くて妥協できず、院内会派すら組めませんでした。もしここで動きを起こせていれば、その後の日本の憲政は大きく変わったでしょう。

公明党抜きには成り立たない自民党

今や公明党を抜きに、日本政治は語れません。

民主党が参議院の運営で苦しんで政権担当能力を持てなかった理由は、野党が自民党を切り崩せなかったことと、公明党が自民党に付き合って「連立野党」をやっていたためです。これが、現代に至る日本政治に決定的な意味を与えました。

公明党は平成十一（一九九九）年から自民党と連立を組んでいますが、小泉内閣や安倍内閣（平成十八年、十九年時）では、あまり発言権がありませんでした。

たとえば東京都議会議員選挙は公明党が重視する選挙で、その前後三か月以内の衆議院選挙を嫌います。しかし、小泉首相は郵政選挙で、関係なく解散権を行使しています。麻生首相も、リーマン・ショックへの対応を理由に、予定されていた解散をやめました。

ただ、これは昔の話。自民党総裁である総理大臣が創価学会・公明党の意向を気にせずに解散を延期できたのは平成二十一（二〇〇九）年の麻生内閣まででした。

平成二十一年の衆議院選挙で自民党が敗北し、野党に転落した時に公明党もいろいろと悩んだそうですが、公明党は与党になった民主党にすり寄るよりも、自民党と野党暮らしを付き合った方が後々で力を得られるであろうと判断しました。三年三か月の野党暮らしに耐えたことが、今活きていますから、的中です。

その平成二十一年の衆議院選挙は、国民が自民党の麻生内閣に対して本気で怒った選挙でした。国民が本気で怒った時は、創価学会が自民党についていても選挙に勝てないことが明らかになった選挙でした。

ただ、国民が本気で怒るのは十五年に一回ぐらいです。

だから自民党としては、国民は十五年に一回しか怒らないので創価学会と組んでおけば、いつまでも与党でいられると考えています。

ここから、平成二十四（二〇一二）年の衆議院選挙に勝利し、与党に戻った自民党の視点で見ていきます。平成二十四年から八年間の安倍自民党総裁の時代で六回選挙が行われましたが、その内容を少し振り返ってみましょう。

平成二十四年、第四十六回衆議院議員総選挙では、二九四議席を獲得する大勝で民主党から政権を取り戻します。

平成二十五（二〇一三）年、第二十三回参議院議員通常選挙では、自民党は一一五議席を獲得して勝利し、自民・公明両党で参議院の多数を握ることができました。ねじれ国会を解消します。

平成二十六（二〇一四）年、第四十七回衆議院議員総選挙では、消費税一〇％への増税延期を問う解散総選挙でした。二九一議席を獲得し勝利します。

平成二十八（二〇一六）年、第二十四回参議院議員通常選挙でも、消費税増税延期を掲げ、自民党は一一二議席を獲得し勝利します。

平成二十九（二〇一七）年、第四十八回衆議院議員総選挙は、同年九月に民進党政調会長の山尾《やまお》志桜里《しおり》が不倫スキャンダルで騒がれた瞬間に解散をして勝利しました。

令和元（二〇一九）年、第二十五回参議院議員通常選挙は、立憲民主党の枝野幸男が勝たせてくれた選挙でした。消費税一〇％への引き上げを掲げながら自民党が勝利します。

安倍晋三が自民党総裁を務めた八年間での選挙は、自民党の六連勝という結果でした。

この八年間で野党は何をしていたのかと言うと、自民党を選挙で勝たせるための補完勢力となっていました。平成二十四年の衆議院選挙で敗北し、野党に再び戻った民主党は分裂を繰り返し、民進党、立憲民主党と変わっていきます。民進党も立憲民主党も野党第一党でしたが、安倍内閣を選挙ですべて勝たせてしまいました。

ここで、安倍内閣の無敵の方程式を紹介します。「日銀が金融緩和をする――→株価が上がる――→選挙に勝てる――→誰も引きずりおろせない」です。

平成二十五年の日銀総裁人事で黒田《くろだ》東彦《はるひこ》日銀総裁、岩田《いわた》規久男《きくお》副総裁を決めて、アベノミクスによる金融緩和政策を実施し、株価を上げて景気が良くなっていると国民が感じると支持率も上がり選挙で勝てるという仕組みです。選挙で勝てる総理大臣、自民党総裁を降ろす自民党議員はいなくて安倍内閣は永遠と続くという状況です。野党はまったくお呼びではありません。

ところが、平成二十六年四月一日から消費税を八％に増税して景気回復を台無しにしてしまいます。その状況で、一〇％に再増税するかどうか。

平成二十六年十一月、安倍首相は消費税一〇％への増税延期の信を国民に問うために解散総選挙に打って出ます。この時、全野党が増税延期に賛成をしていました。そのため解散の大義名分はない選挙でした。ですが、解散総選挙を実行しました。

解散した理由は簡単です。創価学会・公明党に事前に解散をすることを約束していた以外にありません。

解散総選挙の一か月前、十一月十六日に行われた沖縄県知事選挙では、公明党は組織票をまとめることができず、自主投票としたため不戦敗となりました。

平成二十六年の秋に増税判断をする時には、既に解散することを決めていました。同年十二月十四日に解散総選挙が行われるのですが、創価学会・公明党は解散総選挙に合わせて事前に動いていました。

もはや自民党は、公明党の意向を抜きに解散総選挙をすることができない政党になっていました。

そして、そこまで落ちぶれた自民党を脅かす野党が一つもないのです。

国民はどんなに不満があっても、自民党による政治を承認する以外に選択肢はなかったのです。

第六章

政権担当能力を兼ね備えた政党は現れるのか

安倍長期政権を支えたのは、野党民主党

安倍内閣の八年間を見ると、平成二十四（二〇一二）年から平成二十五（二〇一三）年までは景気回復も順調でしたが、平成二十六（二〇一四）年十月一日に消費税を八％に増税してしまいます。日銀による追加金融緩和（ハロウィン緩和）で緩やかな景気回復傾向に立て直したので、国民は「じゃあ、安倍内閣が続いてもいいや」との雰囲気となり、安倍内閣は存続しました。

安倍晋三は総理大臣として連続在職日数が三一八八日となりました。憲政史上最長記録ですが、「何か実績はあるのか？」と言われると何もありません。

歴代の総理大臣の実績に関しては、歴史の教科書にもいくつか書かれています。

ここに並べられる安倍内閣の実績は何かあるのでしょうか？　国家安全保障局とか特定秘密保護法とか、いろいろと細かいことをやっていますが、そんなことを教科書に書くわけにはいかないでしょう。ましてや「民主党政権の時よりは株価が高く、アメリカとの関係も安定した」とも書けますまい。現に、安倍晋三首相が佐藤栄作首相の任期（二七九八日）を超えた瞬間に「実績はあるけどレガシーはない」と新聞やテレビで言われ出しましたが、みんなが薄々思っていたということです。

表6-1　歴代の総理大臣の実績

首相	実績
吉田 茂	サンフランシスコ平和条約。 敗戦で占領下におかれた日本に独立を取り戻した。
鳩山一郎	日ソ共同宣言と国連加盟。 シベリアに抑留された50万人強の日本人の帰国を実現する。
岸 信介	新日米安保条約制定。 一方的な従属関係の同盟から状況を改善した。
池田勇人	高度経済成長。 経済大国日本としての立場を完成させた。
佐藤栄作	沖縄・奄美大島・小笠原諸島の日本復帰。アメリカに戦争で奪われた領土を外交交渉で取り返す。

野党やその他が酷すぎたから、安倍首相の方がマシだと考えられて長期政権になっただけです。そういった弱すぎる野党が安倍内閣を支えていて、安倍内閣は中途半端な金融緩和でも政権維持ができたのです。ハッキリ言えば日銀が金融緩和をしているかどうかがすべてでした。

では、日銀の金融緩和に対して、野党に転落した民主党はどのような批判をしたかと言うと、「金融緩和なんかやめてしまえ」でした。「もっと金融緩和をやれ」と言えば正論でしたが、野党の民主党は絶対に言いませんでした。民主党の後に野党第一党となる民進党も立憲民主党も同じでした。

「金融緩和をやめろ」という左の安倍批判があっても、右からの「金融緩和をもっとやれ」という安倍批判がありませんでした。右からの安倍批判があったとしても、次世代の党のように潰されましたが……。

安倍内閣にとって左からの批判しかしない民主党が野党に転落後、党名が変わって民進党になっても野党第一党であり続けたのは嬉しくて仕方がありませんでした。

みんなの党と維新の会　政策は正しかったが……

みんなの党は平成二十一（二〇〇九）年に渡辺《わたなべ》喜美《よしみ》が一人で立ち上げた政党です。

みんなの党は渡辺喜美の個人商店という感じです。良い政策も言っていたけれども、経済政策と行財政改革に偏りがありました。みんなの党は平成二十五（二〇一三）年の時点で、両院で三六議席（衆議院一八議席、参議院一八議席）を押さえる勢力に拡大しています。ただ、比例代表で当選する議員がほとんどで、小選挙区では元々地盤がある渡辺喜美（栃木三区）と浅《あさ》尾《お》慶《けい》一《いち》郎《ろう》ぐらいしか勝てない政党でした。

平成二十五年、みんなの党の中で渡辺喜美代表と江《え》田《だ》憲《けん》司《じ》幹事長が党運営で対立を始めると、党内ガバナンスが効かなくなっていきます。江田憲司幹事長は、みんなの党を離脱し、みんなの党の議員十五人（衆議員九人、参議員六人）を引き抜いて、同年十二月十八日に「結いの党」を結党します。平成二十六（二〇一四）年、借入金に関するスキャンダルで渡辺喜美が代表を辞任します。新代表に浅尾慶一郎が就任しますが、野党再編の動きに合わせて次世代の党に合流する議員が現れるなど、党内をまとめることはできませんでした。浅尾慶一郎代表は野党共闘路線を重視しようと動きますが、与党協調路線の渡辺喜美と路線対立が激化します。このような党内対立を理由として平成二十六年十一月二十八日に、みんなの党は解党に至りました。

渡辺喜美には、秘書やブレーンに優秀な人がいましたが、それらも含めて渡辺喜美の個人的力量にかかっていました。党を支える草の根団体も業界団体もつかなかったため、党首が力をなくした瞬間に解体しました。

日本維新の会――地域政党から始まった

日本維新の会は大阪の地域政党として、平成二十二（二〇一〇）年四月に「大阪維新の会」として結党されたのが始まりです。当時の大阪府知事である橋下徹《はしもととおる》と自民党市議・府議が結成しました。

関西地区において大人気テレビ番組である『そこまで言って委員会』の出演者として、絶大な人気を誇った橋下徹が立てた「大阪維新の会」についていけば、大阪文化圏では当選できるという状況が出来上がりました。地域政党かつ都市政党（大阪限定）が大阪維新の会の特徴でした。

平成二十四（二〇一二）年九月二十八日に、地域政党「大阪維新の会」と自民党・民主党・みんなの党から離脱した国会議員らを加えて「日本維新の会」を結党します。設立直後に日本創新党、同年十一月に太陽の党が解党して合流していきます。

与党であった民主党がボロ負けをする平成二十四年十二月十六日の衆議院選挙で、みんなの党と組んで日本維新の会は議席を一一議席から五四議席へと伸ばします。野党第三党に躍進しますが、橋下徹と石原《いしはら》慎《しん》太郎《たろう》の両名による共同代表制で運営していた日本維新の会は、党内で意見の対立が次第に生まれてきます。

平成二十五（二〇一三）年六月二十三日の東京都議選で日本維新の会は、三議席から二議席となる敗北をしてしまいます。同年七月二十一日、第二十三回参議院議員通常選挙で四四人を公認候補として擁立しますが、八人しか当選できず橋下徹代表は敗北宣言をします。十二月には、広報委員長であった東国原英夫が「理念・政策・方向性が変質・変容している」として議員を辞職するなど、党内の混乱が続いていきます。このように党内ガバナンスが上手くいかない中で、日本維新の会は「ゆ党（与党と野党との間、第三勢力）」との合従《がっしょう》連衡《れんこう》に動き出します。

平成二十六（二〇一四）年一月、橋下代表と橋下派の議員が中心となり、江田憲司が立ち上げた結いの党との合流に向けて政策協議を始めます。その動きに対して、共同代表の石原慎太郎は、結いの党が保守政党ではないとして合流を否定します。橋下・石原両代表の対立は収まらず、五月二十八日に会談を行い分党することで合意されました。六月二十二日の臨時党大会で正式決定されます。

石原慎太郎は同年八月一日に所属議員二三人（衆議員一九人、参議員四人）の新党「次世代の党」を結党します。橋下徹は九月二十一日、みんなの党から分裂した結いの党と合流し、所属議員五三人（衆議員四二人、参議員一一人）の新党「維新の党」を結党しました。

平成二十七（二〇一五）年五月十七日、橋下徹大阪市長を中心とする大阪維新の会が実現を目指す「大阪都構想」の賛否を問う住民投票が行われました。結果、反対多数で大阪都構想は否決され、橋下徹は次の市長選に出馬せず、現在の市長任期を全うしたら政治家を引退することを宣言します。橋下徹の政界引退宣言を受けて、維新の党の江田憲司代表は「橋下さんを引退に追い込んだ責任を取りたい」と表明をして代表を辞任しました。

維新の党の新代表に就任した松《まつ》野《の》頼《より》久《ひさ》は、民主党との合流構想を持ち上げて積極的に動き始めます。合流の動きに対して橋下徹などは批判的で党内対立が起きていました。

同年九月の山形市長選挙に、維新の党の柿沢《かきざわ》未途《みと》幹事長が民主党や共産党が相乗りする候補を応援しに行きました。党の意向を無視した行動が問題となり、党内対立が表面化し、ついには分党へと至るきっかけとなります。

平成二十七年八月時点で橋下徹と松井《まつい》一郎《いちろう》が維新の党を離党しており、十月三十一日に「おおさか維新の会」が結党されます。一方、平成二十八（二〇一六）年三月に維新の党は民主党に合流し、民進党となっていきます。

同年七月十日の参議院選挙後、おおさか維新の会の松井一郎代表は、七月十二日の党常任役員間で党名変更の提案をしました。八月二十三日の党大会で「日本維新の会」に改名することが決定されました。

みんなの党と日本維新の会は共通して、党内ガバナンスをまとめることができずに分裂を繰り返すことになりました。

その反動か、今の維新は「純血主義」に拘り、最初から理念を共有する議員しか集めない傾向がありますが、それがゆえに人が集まらず伸び悩んできました。

安倍内閣八年間の時代、大阪で地域政党として存続するため、日本維新の会は安倍首相と菅義偉官房長官と手を組むことを選択します。

　安倍内閣の八年間は、他の野党と違って自民党批判ができない野党だったのが、日本維新の会です。大阪の選挙では、大阪自民党を敵として戦っていますが、国政においては安倍首相と菅官房長官の自民党の味方という構造です。

　令和二（二〇二〇）年、検察庁法改正（検事長定年延長問題）の時には、日本維新の会が安倍内閣と徹底的に対立をしないように立ち回っていました。同年二月二十七日、森《もり》雅《まさ》子《こ》法務大臣への不信任案が提出されました。その時、日本維新の会は自公について不信任案に反対しています。日本維新の会の串《くし》田《だ》誠《せい》一《いち》が読んだ反対討論文は延々と「森雅子法相がいかに間違っていることをやっているか」を並べて、最後に「今はコロナ対策が必要なので反対します」と締めています。

　本音では反自民で「自民党、ふざけるな」と思っているのがアリアリですが、日本維新の会としては反自民を表に出さないという立ち位置を徹底しました。

　安倍・菅の両首相が交代し、岸田文雄内閣になってからは「アンタの世話にはなっていない」とばかりに自民党との対決姿勢を鮮明にしました。大義名分は「岸田内閣で改革ができるとは思わない」です。

令和三（二〇二一）年秋の総選挙で四倍近くの議席獲得の大躍進を遂げたのは記憶に新しいところです。国民は自民党に代わるマトモな野党を求めているのです。

民進党は安倍政権の最大補完勢力

平成二十八（二〇一六）年三月二十七日、民主党の岡田《おかだ》克也《かつや》と維新の党の松野頼久が中心となって合流をし、民進党を結党しました。この民進党は社会党と比べて、どちらの方が酷いのかを悩むぐらいに酷い政党です。

民進党は安倍内閣の最大補完勢力として存在しました。特に最悪だったのは平成二十八年七月十日の第二十四回参議院議員通常選挙でした。民進党の選挙ポスターのキャッチコピーは「まず、三分の二をとらせないこと」です。しかも、それすら達成できませんでした。

結果、自民党と公明党の両党で七〇議席を獲得し、日本維新の会や日本のこころを大切にする党など、憲法改正に前向きな党を含めると、憲法改正の発議に必要な参議院全体の三分の二の議席を占めることになりました。ですが、公明党は「加憲」を主張しているため、改憲勢力とは少し違いました。公明党の本音は護憲ですし。

本当の護憲派の立場から見たら「公明党がいなかったら憲法改正されたではないか！」と

いう選挙結果です。衆参両院のどちらかの三分の一の議席を獲得するという、社会党ですら達成できた目標に民進党は到達できなかったのです。

民進党の岡田克也党首は、社会党ですら達成できた目標を達成できず、「ある意味で凄い」と思いますが、衆参両院で改憲勢力が三分の二の議席を獲得していながら、憲法改正にかすりもしない安倍内閣は「ある意味でもっと凄い」とも言えます。

ちなみに、令和元（二〇一九）年七月二十一日の第二十五回参議院議員通常選挙で自民党は九議席を減らして、改憲勢力（自民党・公明党・日本維新の会）が三分の二を切る状況になりました。その状況で安倍首相は、「国民民主党やＮＨＫから国民を守る党を含めれば、改憲勢力が三分の二になる」などと強がりました。ならば衆参両院で三分の二を持っている間に改憲に着手くらいすればよかったのですが。

この参議院選挙での岡田克也の負け方があまりにもみっともなかったため、党首が蓮舫《れんほう》に代わります。蓮舫党首時代の民進党は延々とモリカケ問題だけで騒いでいました。そのモリカケ問題で騒がれている間は、安倍内閣は何もできない状態となりました。

ただし、絶対に安倍内閣は倒れませんでしたが。

都民ファーストの会――小池百合子が「風」を起こした

平成二十九（二〇一七）年の国会では「モリカケ問題」が散々騒がれていました。

ここで簡単に「モリカケ問題」とは何かを解説しておきます。

学校法人森友学園への国有地払い下げに安倍首相と安倍《あべ》昭恵《あきえ》夫人の影響があり、いわゆる忖度で払い下げ価格が不当に安くなったのではないか、という疑惑が出て騒がれたのが「森友学園問題」です。

そして、学校法人加計学園が愛媛県今治市に新設しようとした獣医学部に、安倍首相が「特別な便宜」を図ったのではないかとの疑惑が出たのが「加計学園問題」となります。この二つの問題を合わせて「モリカケ問題」と言われました。

「モリカケ問題」が騒がれている間に言論界は、「反安倍対反反安倍」の争いが激しくなり、左右の分断が進んでいる状況でした。その頃の保守勢力の大半は「安倍さんの悪口を言う奴の悪口を言うのが保守だ」と信じて疑いませんでした。連日の「モリカケ問題」を追及されている安倍内閣の姿は大ピンチに見えましたが、民進党の蓮舫党首があまりにも頼りないために、民進党の方が落ち込んでいきます。そんな民進党をしり目に勢力を伸ばしていったのが小池百合子でした。

平成二十八（二〇一六）年七月三十一日の東京都知事選挙に小池百合子は立候補し、東京都知事に当選を果たしました。小池百合子は都議選において、前任の舛添《ますぞえ》要一《よういち》都知事や自民党が優位な都議会体質であることを批判する手法で支持を集めます。

そして、小池百合子都知事は「都民ファースト」を掲げて都議会改革に着手し始めます。同年九月十六日には政治団体「都民ファーストの会」を設立し、翌年一月二十三日から地域政党として活動を本格化します。

都民ファーストの会を立ち上げた小池百合子は、平成二十九（二〇一七）年七月二日の東京都議会議員選挙で都民ファーストブームを巻き起こします。

都議会で都民ファーストの会は五五議席を押さえて過半数を獲得する大躍進をします。自民党は五七議席から二三議席へ大きく議席を減らし、民進党も七議席から五議席へ減らし、両党とも大敗をしてしまいます。結局、自民党も民進党も五十五年体制の遺産で勢力を保っているだけなのです。

小池百合子と都民ファーストの会が、選挙においてブーム（風）を起こした流れを憲政史の視点で見ると、都市の有権者の浮動票が行き場を失っていることが分かります。

都市の有権者の反自民党票が、本来は受け皿となるべき野党第一党の民進党に流れず、小池百合子の都民ファーストの会に流れました。民進党が駄目すぎたため、都民ファーストの会ブームが引き起こされたのです。

小池百合子は「ある程度マシな選択肢」になり得た

私は小池百合子東京都知事を批判することにおいては、日本で三本の指に入ると自負しています。あえて呼び捨てにしますが、小池のコロナ対策は酷すぎた。以下の文章は、そんな私の評価だとの前提でお読みください。

小池百合子は明確な正論を安倍内閣に突きつけたわけではないのですが、安倍自民党とまったくダメな民進党ではない「ある程度マシな選択肢」として現れました。だからこそ、安倍内閣は全力で小池つぶしに動きました。

平成二十九（二〇一七）年七月二日に行われた東京都議選にて、小池百合子が代表を務める都民ファーストの会が一二七議席中五五議席を獲得し圧勝する結果を残しました。都議選の勝利で小池ブームを起こした小池百合子は、その勢いのままに同年十月二十二日の第四十八回衆議院議員総選挙に希望の党を結党して挑みました。

この選挙の直前に、民進党代表の前原誠司が小池百合子率いる希望の党に党を身売りしようと動きました。選挙で生き残るために希望の党へ合流しようとする民進党議員が大量発生します。しかし、小池百合子は「政策や理念が合わない議員は排除する」という大失言をしてしまいます。この失言に反発した民進党議員は希望の党への合流をやめて、立憲民主党を結党するなどの動きに変わっていきます。希望の党が、自民党でも民進党でもない「ある程度マシな選択肢」になることは叶いませんでした。

希望の党が野党第一党になれれば、自民党と希望の党の保保二大政党制とはいかなくても保保一・五大政党制は可能でした。ですが、立憲民主党が野党第一党になったため、保革一・五大政党制が維持されました。保革一・五大政党制の維持は、五十五年体制という談合政治の維持という意味です。政権を取る意志のない野党第一党と自民党が与党として政権を握り続ける談合政治です。

そして、野党第一党が政権を取る意志がある野党第二党以下を潰しにいくという選挙をやられると、自民党は永久に安泰です。その仕組みに乗っかったのが安倍晋三でした。

だから安倍内閣の時に、「反安倍対反反安倍」という言論状況に持っていったのは、安倍内閣の延命技術としては極めて優れていました。右からの安倍内閣批判をかき消すために左右で争わせたわけです。問題はその状況を使って何も実績を残せていないことです。何か実績、マスコミ用語で言う「レガシー」を残していれば安倍晋三は大政治家でした。

浮動票の行き先は都市政党

過去を振り返ると、都市の有権者の浮動票の行き着く先は、新自由クラブ・日本新党・新進党・民主党・みんなの党・維新の会と浮かんでは消えて、都民ファーストの会につながっていきました。ここに出てきた政党はすべて都市政党です。

それに対して自民党は地方政党であり、地方の選挙地盤はいまだに盤石です。政権交代が起きた平成二十一（二〇〇九）年の衆議院選挙でも、鳥取県（二議席）、島根県（二議席）、高知県（三議席）では全勝でした。

ちなみに、人口減少に伴い国会議員の数が減ってきています。平成二十八（二〇一六）年の参議院選挙から鳥取県と島根県、徳島県と高知県はそれぞれ合同選挙区になりました。一県で一人の参議院議員を選出することができなくなったのです。その結果、地方の議員が減って都市から選出される国会議員が増えることになります。ですが、地方は自民党がガッチリと押さえて野党が入り込む余地がないため、地方の選挙区が減った分、自民党は都市の有権者の票を奪いにきています。野党は地方では自民党に絶対勝てない以上、都市で確実に勝つことが求められるようになってきています。

　小池百合子による「風」が都議会議員選挙で吹き荒れた後に、平成二十九（二〇一七）年九月七日発売の『週刊文春』で民進党の山尾志桜里の不倫スキャンダルが世間を賑わせます。山尾志桜里の不倫スキャンダルで民進党は危機を迎えてしまいます。これをチャンスと捉えた安倍首相は、九月二十八日の第一九四回臨時国会冒頭に、いきなり衆議院を解散することを表明します。

　安倍首相が狙ったタイミングで解散総選挙を決断したのですが、投票日は東京都議選の三か月後です。

　前年の平成二十八年七月の参議院選挙に合わせて衆議院を解散するのではないかと言われていましたが、この年に解散しなかったからこそ、翌年はフリーハンドで解散をすることができたのです。

　安倍内閣の八年間で国政選挙がなかった年は、平成二十七（二〇一五）年と平成三十（二〇一八）年の二年だけです。ただし、選挙がない年には自民党総裁選挙がありました。

　安倍内閣は選挙と内閣改造をやっていないと間が持たない政権で、アメリカのトランプ大統領から「お前の国は毎年選挙をやっているのか」と言われたほどだったとか。

希望の党——小池百合子の起こした「風」が枝野幸男を勝たせる

平成二十九（二〇一七）年十月二十二日、第四十八回衆議院議員総選挙の直前の自民党支持率は三一・二%で、野党第一党の民進党の支持率は一・六%となっていました。

このような状況なので、安倍首相は「これなら勝てる」と考えて、九月二十八日にいきなり衆議院を解散しました。

ところが、ここで野党の動きが一気に早くなりました。

衆議院解散の四日前、九月二十五日に小池百合子は衆議院選挙に向けて新党「希望の党」を立ち上げました。小池の側近である若狭《わかさ》勝《まさる》衆議院議員が設立した「日本ファーストの会」が母体組織となりました。

希望の党の立ち上げに対して、民進党の前原誠司代表が動きました。九月二十八日に民進党の両院議員総会で、小池百合子の希望の党へ合流をすることを決定します。十月の衆議院選挙に民進党は党としての候補者を擁立せず、候補者はすべて希望の党から公認を受けさせるという事実上の身売りをします。

小池百合子は、希望の党への合流を希望する民進党の議員に対して、憲法改正や平和安全法制への賛成を求めます。平和安全法制に反対していた民進党議員は、希望の党へ合流するために過去の言論をひっくり返して賛成を表明し始めました。

この流れを見て、「平和安全法制に反対していたのに、魂を売って恥ずかしくないのか！」という、頓珍漢な批判を多くの人がしていましたが、違います。希望の党に行った議員の大半は、泣く泣く安保法制反対闘争をやらされていたのです。むしろ安保法制への反対こそ魂を売っていたと言うべきです。

ところが、民進党が希望の党への合流を表明した翌日、九月二十九日に小池百合子が都知事会見の場で、希望の党に合流する民進党議員の中で安保法制や憲法改正などの政策に一致できない公認希望者は「排除いたします」と発言しました。

大混乱に陥った民進党の幹部の中で、特に怒っていたのが辻元《つじもと》清美《きよみ》です。「私は、リベラルの力を信じている。ですから私は、（希望の党には）行きません！」と発言して、希望の党に排除されます。

小池百合子にこの時足らなかったのは「首相を三日やったら死んでもいい」という必勝の信念でした。かつて、鳩山一郎は「首相を三日やったら死んでもいい」という必勝の信念を持ち、本当に首相になりました。

小池百合子によって起きていた「風」は、枝野幸男に流れていきました。

小池百合子の「排除」発言に反発した民進党内の左派議員を集めた枝野幸男は、平成二十九年十月二日に新党「立憲民主党」を結党します。辻元清美は立憲民主党をまとめ上げていきます。

七月の都議選までの小池ブームが嘘のように、マスコミの小池叩きにより希望の党は失速します。

希望の党は第四十八回総選挙に二百三十五人の候補者を立てましたが、五十人しか当選できない惨敗となりました。選挙前の議席数、五七議席も下回ります。

逆に、枝野幸男党首の立憲民主党は選挙前の一五議席から五五議席へと大きく議席を伸ばして野党第一党となりました。立憲民主党の議員の中には、平成二十一（二〇〇九）年の衆議院選挙よりも戦いやすかったと言う人もいたほどです。小池百合子の起こした「風」は、枝野幸男の「風」になりました。

立憲民主党——左翼ではなくスターリニストの集まり

平成二十九（二〇一七）年十月二日、立憲民主党が結党されます。民進党が希望の党へ身売りをする時に、小池百合子によって「排除」された民進党左派の議員を、枝野幸男がまとめていきました。

ここで、立憲民主党の枝野幸男党首がどのような人物か紹介していきます。

立憲民主党の枝野幸男党首は総理大臣になりたいと本気で考えています。

左翼の言葉を使っていても本人はまったく信じておらず、左翼ではなく徹底したスターリニストです。逆らう者は徹底的に干し上げていきます。

そして「立憲カルト」「枝野信者」と呼ばれる強烈な支持者に囲まれています。「枝野代表が率いる立憲民主党を応援することがリベラルだ」とする人たちです。枝野信者から見ると、枝野幸男党首が率いる立憲民主党は平成二十九年の衆議院選挙、令和元（二〇一九）年参議院選挙、令和二（二〇二〇）年都知事選を全戦全勝しているとの認識です。それはなぜかと言うと、野党第一党の地位を守っているためです。だから、令和三年衆議院選挙でも、党本部に「枝野さん、辞めないで」の声が殺到したとか……。

確かに、枝野幸男は徹底して野党第一党の地位を守っています。

ちょうど、「安倍総理が率いる自民党を応援することが保守だ」とする「安倍信者」と瓜二つです。安倍内閣の間、熱烈な「安倍信者」が保守の世界で幅を利かせたのと同じです。

保守にもリベラルにも過激派もいれば穏健派もいるのですが、双方で過激派が幅を利かせて穏健派は小さくなっていました。

安倍内閣は八年間という長期政権になりましたが、長期政権を維持できた理由の一つに、一〇〇議席を獲得した野党が存在しなかったことが挙げられます。その状況に変化が表れるのは、安住淳衆議院議員が立憲民主党に入党し、国対委員長に就任してからです。

令和元年九月十九日に立憲民主党に入党し、国対委員長に就任した安住淳がまとめ役となり、「立憲民主党・国民民主党」の院内会派が結成されます。一八一人（衆議院一二〇人、参議院六一人）の野党の院内会派が出てきたことと、消費税一〇％への引き上げを明言していたこともあり安倍内閣に陰りが見えてきました。

しかし、問題は院内会派が結成される前の令和元年七月二十一日の第二十五回参議院議員通常選挙でした。安倍内閣は消費税一〇％への引き上げを争点の一つとしてこの選挙に臨んでいました。

それに対して野党第一党の立憲民主党の枝野幸男党首は、増税反対を掲げて戦うことをしませんでした。枝野幸男は左派から支持される安倍批判を続けて野党第一党を守ります。与党が増税を公約に掲げた選挙で、ＬＧＢＴ理解促進だの、夫婦別姓だのを掲げます。ＬＧＢＴや夫婦別姓など掲げなくても、そういうことを実現したい支持者は投票してくれます。本気で勝ちたいなら、増税反対の旗を掲げるべきでしょう。かつての土井たか子がそうであったように。

ところが、政権を目指す意志がないため、本気で安倍内閣を倒す気はありません。

野党第一党が増税に反対しないため「安倍内閣は増税をするな！」という有権者の受け皿がありませんでした。金融緩和を続けながら増税もするというインフレ政策とデフレ政策を同時進行する中途半端な経済政策でも、安倍内閣と自民党を有権者は支持せざるを得ないという構造です。

この構造に乗っかって立憲民主党は政権交代を目指さず野党第一党を維持し続けます。そのために枝野幸男は頓珍漢な批判を繰り返し、自民党は政権を脅かされずに与党であり続けられます。自民党と社会党の時に作られた五十五年体制の中で、自民党と立憲民主党は生きていこうとしています。

五十五年体制で生きていくことを枝野幸男は選んでいますが、総理大臣になれるように備えてもいます。小選挙区制なので候補者の頭数を揃えて、野党第一党の地位を確保しておけば、選挙で風が吹いた時に政権交代が起きて総理大臣になれるかもしれないと、枝野幸男は皮算用していました。

しかし、取らぬ狸の皮算用に終わりましたが。

おわりに――政界再編は始まっている

菅義偉前首相ほど浮き沈みの激しい政治家も珍しいのではないでしょうか。まるでジェットコースターです。

史上最長政権となった安倍晋三内閣で一貫して官房長官。

令和元（二〇一九）年春には官房長官として新元号を発表し、「令和おじさん」として大フィーバーとなりました。官房長官としては異例ですが、アメリカを訪問して大統領と会談しています。まるで「次期総理は菅さんで決まり」の雰囲気でした。

ところがその直後から、安倍首相との隙間風がささやかれ、今井《いまい》尚哉《たかや》秘書官との確執が伝えられるようになります。まるで「座敷牢」に閉じ込められたが如く、目が死んでいました。

令和二（二〇二〇）年に入ると、安倍内閣も検察人事で躓き、コロナ対応に失敗。八月には安倍首相の退陣表明に至ります。既に六月には後任首相をめぐり、派閥の駆け引きが続いていました。その過程で突如として、菅官房長官の名前が挙がります。するとあれよあれよと、自民党総裁選に勝利、後継総理大臣になりました。政権発足直後は空前の支持率に恵まれます。

しかし、やはりコロナ対策に苦しみ、気がついたら支持率は下がり続けていました。衆参の補選や都知事選で連戦連敗、最後は地元の横浜市長選で敗れ、「選挙に勝てない総理総裁」の烙印を押され、退陣に追いやられました。

菅首相の退陣は衆議院の任期切れ直前でした。政治家、特に自民党の国会議員にとって絶対の原則があります。「選挙に落ちたくない」です。派閥の領袖たちは「コロナは誰がやっても一緒、菅さんはよくやっている」との評価でしたが、選挙に自信がない若手は「これでは自分たちが落選するだけでなく政権交代してしまう」との、殺気立った空気でした。菅おろしは燎原《りょうげん》の火の如く広がり、気がついたら菅首相は四面楚歌でどこにも味方がいませんでした。怖ろしきは、自民党の選挙と権力に賭ける執念。

菅後継の最有力候補には、世論人気ナンバーワンの河野《こうの》太郎《たろう》ワクチン接種推進担当大臣が躍り出ます。河野太郎と言えば、「自民党イチの嫌われ者」です。日ごろは嫌っているのに、河野が総理総裁でも、自分たちを生き残らせてくれるなら、政権与党の座にいられるなら我慢するのが自民党です。

しかし、自民党のこうした混乱にもかかわらず、野党第一党の立憲民主党の支持率は伸びません。党首の枝野幸男代表自身が政権交代する可能性を「大谷君の打率くらい」と言ってしまうほどです。大谷とは大谷《おおたに》翔平《しょうへい》選手のことで、プロ野球でピッチャーとバッターの二刀流で大活躍し「ベーブ・ルースの再来」と言われるメジャーリーガー。しかし、ホームランは多いけど打率は二割五分。勝つ可能性が二五％の野党第一党……本人がこれですから、与野党ともに、そして国民の間に「政権交代で枝野内閣」などと考える人は誰もいませんでした。明らかに民主党が政権交代して鳩山由紀夫内閣を成立させた空気とは違いました。

ここに自民党の弛緩が生まれます。「別に河野にしなくてもいいのでは?」と。

わざわざ嫌われ者の河野太郎にしなくても、選挙で負けるわけではない。

こうした空気の中で、岸田文雄元政調会長が総裁選に当選、菅後継の総理大臣になりました。そして直後に衆議院を解散。自民党がどれだけ議席を減らすかだけが焦点の選挙でした。大方の見方は、「自民党は単独過半数割れでも公明党と合わせて安定過半数を維持」でした。安定過半数とは、すべての委員会で委員長を自党から出せる数のことです。

しかし、ふたを開けてみたら意外な結果でした。

自民党　二六一（一三議席減）　公明党　三二（三議席増）
立憲民主党　九六（一三議席減）　共産党　一〇（二議席減）　社民党　一（現状維持）
日本維新の会　四一（三〇議席増）　国民民主党　一一議席（三議席増）
れいわ新撰組　三（二議席増）　無所属　一〇

与党は自民党だけで安定過半数を維持。事実上の大勝です。しかし岸田首相は、参議院選挙で勝つまでは「安全運転」の政権運営です。

無残だったのは立憲民主党と共産党です。自民党が公明党・創価学会と組むなら野党は共産党の組織力に頼るしかない。「野党共闘」が進み、事実、直前の横浜市長選では野党共闘が機能して菅首相退陣の引き金になりました。しかし、麻生副総理が選挙中に「立憲共産党」と揶揄。枝野代表が「政権を取ったら共産党と閣外協力」と打ち出したので、麻生の揶揄は効果的でした。日本人には共産党アレルギーが強く残っていたということです。

象徴的だったのが、小沢一郎と中村《なかむら》喜《き》四郎《しろう》の落選です。二人とも鉄壁の地盤を誇りますが、小選挙区では当選できず、比例での復活当選でした。共産党とあからさまに組んだことで、公明党・創価学会が離れました。中村などは逮捕・投獄・服役させられても、連続当選してきました。しかし、あからさまに共産党と組まれては、中村にひそかに投票していた公明党員・創価学会員も離れざるを得ません。

逆に、立憲民主党で当選した議員は、共産党と共闘しながらも、共闘色を薄めました。今や自民党の最大支持基盤は創価学会ですが、共産党は対抗する組織にはなり得ませんでした。また、与党や官僚の不祥事をテレビの前で派手に追及するパフォーマンスに長けた、辻元清美のような議員は軒並み落選しました。

枝野は共産党との協力を進め、国民民主党や社民党には横柄な態度で、候補者の一本化を強要してきました。国民などは、立民に議員を大量強奪されたようなものです。

本来、議席が微増ならば幹部の責任問題です。それが百議席を切る激減。さすがの枝野代表も観念、退陣しました。それでも党本部には「枝野さん、やめないで」の声が、議員と狂信的な支持者から寄せられたそうですが。つまり「野党第一党をキープしたのだから勝ち」という理屈です。

日本維新の会と国民民主党の躍進の原因はいろいろありますが、「マトモな野党が欲しい」

との有権者の期待が最大の理由でしょう。

維新は改革を訴えました。しかし安倍・菅体制では与党でも野党でもない「ゆ党」と、事実上は自公の補完勢力のように見られていましたが、「岸田さんに改革は期待できない」とはっきり改革姿勢を示しました。

国民民主党は「提言政党」を掲げ、単なるスキャンダルの追及や揚げ足取りではなく、政策論争で自民党を揺さぶりました。コロナ禍での「現金給付十万円」を言い出したのは、国民民主党の玉木《たまき》雄一郎《ゆういちろう》代表です。

こうした動きは立憲民主党にも波及し、代表選挙では国民民主党出身者の泉健太《いずみけんた》政調会長が当選しました。そして泉執行部は、共産・社民と手切れ、維新・国民に同調しています。

象徴的なのが、令和三（二〇二一）年十二月八日に馬淵澄夫《まぶちすみお》国対委員長が共産党と社民党に「野党国対を開催せず」と通告しました。野党国対には、維新は元々入っておらず、国民は先に離脱しています。野党共闘は崩壊しました。こうした動きに従来の民主党幹部は不満なようですが、ならば党を割ってもらいましょう。立憲民主党が野党でなくなるように。

政界再編、望むところではないでしょうか。

その後に開かれた臨時国会では、維新・国民が与党の政策を数字に基づいて批判しています。たとえば、「コロナ対策の給付金が、なぜ事務費が余計にかかるクーポン券での支給なのか。その必要性は?」「世界的なガソリン高の今、東日本大震災の復興財源として原油高になると自動的に値下げするトリガー条項を凍結したが、今こそ解除すべきではないか。なぜ補助金なのか?」など。

ちなみに真の理由は、前者が「またも公明党の言い出した案を自民党が丸のみするわけにはいかないので、条件を付した」で、後者が「トリガー条項凍結は民主党が作った法律なので、使いたくない」です。

読者諸氏は国会での議論を聞いて、与党の説明に納得したでしょうか。次の選挙、つまり参議院選挙まで覚えておいて、投票する賢い有権者になることです。我々の税金の使い道を議論しているのですから。

もう「野党がダメだから自民党に入れるしかない」という政治は嫌だと主張すべきです。野党はマトモになる傾向があります。もしかしたら政界再編も起きるかもしれない。政党の組み合わせは政治家に任せましょう。有権者は「自分の税金を安心して預けられるのは誰か」を考えるだけでいいのです。

今まではどんなに与党に不満があっても、もっとダメな野党しかありませんでした。だから自民党は慢心・腐敗しました。しかし、その言い訳はできません。野党がマトモになったら、きちんと応えるしかありません。

健全な批判勢力があるから民主政治です。政権担当可能な野党第一党があるから、与党も油断できない。それでも弛緩するなら、選挙で与党から叩き落とせばいい。

数字を根拠として科学的に政策を論じる。マトモな議論を行うマトモな政党によるマトモな政治が始まりつつあります。

有権者こそ油断しないようにしましょう。

＊　＊　＊

最後に。

本書では、倉山工房の細野千春さんと米内和希さんに手伝ってもらった。当初の予定よりも進行が大きく遅れ、その間に政治の状況も変化した。それだけに苦労をかけたが、よくついてきてくれた。

こうした大難産の本書を、私のわがままをすべて聞き入れて世に出してくれたのは、光文社の小松現さんだ。厳しく、かつ温かく導いてくださった。
感謝して筆を擱く。

二〇二二年一月

倉山　満

本文図版制作　デザイン・プレイス・デマンド

倉山満（くらやまみつる）

1973年、香川県生まれ。憲政史研究者。（一社）救国シンクタンク理事長兼所長。'96年、中央大学文学部史学科を卒業後、同大学院博士前期課程を修了。在学中より国士舘大学日本政教研究所非常勤研究員として、2015年まで同大学で日本国憲法を教える。著書に『検証 財務省の近現代史』『検証 検察庁の近現代史』（以上、光文社新書）、『政争家・三木武夫』（講談社＋α文庫）、『嘘だらけの日米近現代史』『帝国憲法の真実』（以上、扶桑社新書）など多数。現在、「倉山塾」塾長、ネット放送局「チャンネルくらら」を主宰、積極的な言論活動を展開している。

歴史検証《れきしけんしょう》 なぜ日本《にほん》の野党《やとう》はダメなのか？ 「自民党一強《じみんとういっきょう》」を支《ささ》える構造《こうぞう》

2022年2月28日初版1刷発行

著　者 ── 倉山満
発行者 ── 田邉浩司
装　幀 ── アラン・チャン
印刷所 ── 堀内印刷
製本所 ── ナショナル製本
発行所 ── 株式会社光文社
東京都文京区音羽1-16-6(〒112-8011)
https://www.kobunsha.com/
電　話 ── 編集部03(5395)8289 書籍販売部03(5395)8116
業務部03(5395)8125
メール ── sinsyo@kobunsha.com

 ISBN 978-4-334-04593-7

1166

なぜ中学受験するのか？

おおたとしまさ

やり方次第で「良薬」にも「毒」にもなるのが中学受験。気鋭の教育ジャーナリストが膨大な取材経験と古今東西の文献から導き出した、中学受験の是非論へのファイナルアンサー。

978-4-334-04573-9

1167

毛

生命と進化の立役者

稲葉一男

えっ!? 脳の中の毛？ ウイルスから守る毛？ CO_2で止まる毛？「細胞の毛」研究三〇年のスペシャリストが、生き物や自然、そして私たちの命を支える驚くべきミクロの世界を綴る。

978-4-334-04574-6

1168

肥満・糖尿病の人はなぜ新型コロナに弱いのか

「糖質過剰」症候群Ⅱ

清水泰行

新型コロナのパンデミックや病状悪化の要因となると考えられる糖質の過剰摂取。本書では糖質過剰が新型コロナだけでなく数多《あまた》の疾患の原因となる理由を、最新研究を交え伝える。

978-4-334-04575-3

1169

人生を変えた韓国ドラマ 2016〜2021

藤脇邦夫

「愛の不時着」「梨泰院《イテウォン》クラス」「賢い医師生活」「イカゲーム」など世界を席巻するKコンテンツの一つとなった韓国ドラマ。その深い魅力を傑作80選とともに徹底解説！

978-4-334-04576-0

1170

不登校・ひきこもり急増

コロナショックの支援の現場から

杉浦孝宣＋NPO法人高卒支援会

コロナ禍で不登校・ひきこもりの子どもたちは増えただけでなく、可視化されづらくなった。リアルとオンラインを駆使することで前よりもパワーアップした支援現場の知見を学ぶ。

978-4-334-04577-7

1171

保健所の「コロナ戦記」TOKYO2020－2021

関なおみ

’20～’21年にかけ、保健所と都庁の感染症対策部門の課長としてコロナ対策の第一線で指揮を執り続けた公衆衛生医師の記録。国立国際医療研究センター・大曲貴夫氏との対談も収録。

978-4-334-04578-4

1172

火星の歩き方

臼井寛裕
野口里奈
庄司大悟

気球でまわる火星一周の旅から、標高2万m超のオリンポス登山、自然の造形美あふれる極地ツアーまで。3人の研究者による、火星の魅力がとことん詰まったガイドブックの決定版！

978-4-334-04580-7

1173

JJとその時代

女のコは雑誌に何を夢見たのか

鈴木涼美

JJに象徴される雑誌は、なぜ多くの女性の心をとらえたのか。単なるファッション情報だけではない、女性が託したもの、夢見たものとは何か。雑誌の時代への限りない愛着をこめた挽歌。

978-4-334-04583-8

1174

〈問い〉から始めるアート思考

吉井仁実

「問い」は「答え」より大きな力を持つ。生きることは「問い」の模索である——。「目に見えないものを見る」には？ アートディレクターと考える、アイデア&イノベーションの育み方。

978-4-334-04581-4

1175

オリックスはなぜ優勝できたのか

苦闘と変革の25年

喜瀬雅則

下馬評を大きく覆し、2年連続最下位からのペナント制覇は、いかに成し遂げられたのか？ 逆に、なぜかくも長き暗黒時代が続いたのか？ 元番記者が豊富な取材で綴る。

978-4-334-04582-1

1176
ヘーゲル哲学に学ぶ 考え抜く力
川瀬和也

哲学の基本スキルである「考え抜く力」は、同時に人生一〇〇年時代の「社会人基礎力」でもある。十九世紀ドイツのヘーゲル哲学が、二十一世紀のビジネスに〝効く〟理由とは？

978-4-334-04585-2

1177
田舎はいやらしい
地域活性化は本当に必要か？
花房尚作

「地域活性化は正しい」――これは都会に住む者の勝手な思い込みでは？ 過疎地域在住12年の著者が、現地での調査やインタビューをもとに過疎地域の〝本音と建前〟を鋭く描き出す。

978-4-334-04588-3

1178
ルポ 座間9人殺害事件
被害者はなぜ引き寄せられたのか
渋井哲也

判決から1年――。わずか2カ月で9人が犠牲になった「座間9人殺害事件」はなぜ起きたのか。若者の生きづらさを長年取材してきた著者が、被害者の心情にも迫りながら再検証する。

978-4-334-04586-9

1179
メタバースとは何か
ネット上の「もう一つの世界」
岡嶋裕史

フェイスブックはなぜ「メタ（Ｍｅｔａ）」に社名変更したのか？ ＩＴのわかりやすい解説に定評のある著者が、話題の「メタバース」の基礎から未来の可能性までを語る。

978-4-334-04584-5

1180
「非会社員」の知られざる稼ぎ方
村田らむ

これまでにないジャンルに根を張って、長年自営で生活している人がいる。自分で敷いたレールの上にあるマネタイズ方法を、特殊分野で自営を続けるライター・村田らむが紡ぐ。

978-4-334-04587-6